왜냐하면 어린이 사자소학 따라쓰기

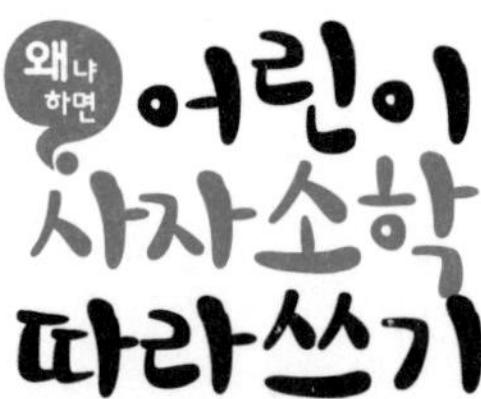

초판발행일 | 2013년 10월 5일
2 쇄 인 쇄 | 2016년 11월 5일

글 · 그 림 | 박신애
펴 낸 이 | 배수현
디 자 인 | 박수정
제　　작 | 송재호

펴 낸 곳 | 가나북스 www.gnbooks.co.kr
출판등록 | 제393-2009-000012호
전　　화 | 031) 408-8811(代)
팩　　스 | 031) 501-8811

ISBN 978-89-94664-52-1(03140)

※ 가격은 뒤 표지에 있습니다.

※ 잘못된 책은 구입하신 곳에서 교환해 드립니다.

왜냐하면

어린이 사자소학(四字小學) 따라쓰기

박신애 글 · 그림

유치원 & 어린이 한문 교재

충 효 예 절 삶 의 지 혜 가이드

머리말

사자소학은 선조들이 서당에서 공부할 때 처음 배우던 내용으로 열 살 이전에도 배울 수 있는, 기초한문교과서라 할 수 있습니다. 지금으로부터 약 900년전 중국 남송의 유학자인 주희(朱熹 1130 ~ 1200)가 편찬한 소학(어린이가 배워야 할 꼭 필요한 학문이라는 뜻)과 기타 경전 등에서 쉬우면서도 교훈이 될 만한 내용을 가려 뽑아 네 개의 글자를 한구절로 엮었기 때문에 『四字小學(사자소학)』이라 이름을 붙인 것입니다.

그런데 이 책은 저자가 누구인지 밝혀지지 않았고, 종류 또한 여러 가지가 있지만, 내용은 큰 차이가 없습니다. 추측해 보건대 조선 말 대한 제국 말기를 거쳐 일제 강점기 때 서양의 학문이 물밀 듯이 들어와서 한문 외에 영어나 수학 등 여러 가지 배울 것이 많아지면서 서당교육이 점차 쇠퇴해 지게 되었지만, 소학은 내용이 많고 오랜 시간 배워야 하는 단점에도 불구

하고, 그 내용의 중요성 때문에 어린이들이 꼭 익혀야 할 주요 문장들을 네 글자의 한자로 새롭게 엮었다고 생각됩니다.

이렇게 생겨난 〈사자소학〉은 한문을 익힘은 물론이거니와, 어린이들의 바른 몸가짐과 마음가짐, 그리고 반드시 배워서 지켜야 할 생활규범과 어른을 공경하는 법 등을 구체적이고 자세하게 가르치는 어린이 생활 도덕 교재로서 중요한 가치가 있는 생활철학의 글이라고 생각합니다.

이 〈사자소학〉의 내용과 순서를 살펴보면 부모님을 섬기는 도리와 임금과 신하의 바른 처신을 비롯해서 부부의 바른 도리, 형제의 우애, 친구를 사귀는 방법과 중요성, 어른과 어린이의 질서는 물론이고 뜻을 같이하는 벗이든 같은 또래 친구이든 바르게 사귀는 법 등을 알려주고, 나아가서 바른 몸가짐으로 바른 민주 시민의 기본 자세와 마음 가짐을 익힐 수 있도록 구성되었기 때문에 오늘날에 이르러서도 우리 어린이들이 꼭 배워 두어야 할 내용들로 이루어져 있습니다.

〈사자소학〉을 배운 어린이 중에 사회에서 꼭 필요로 하는 훌륭한 인재가 많이 나올 것이라고 굳게 믿는답니다.

이 책을 쓴 선생님도 어려서부터 한학자인 아버지께 무릎 꿇고 사자소학을 배웠기 때문에 한자도 많이 알고 있다고 자부하지만 더 중요한 것은 바르게 살아가는 도리를 배웠다는 것이 더 자랑스럽답니다.

박신애 씀

C·o·n·t·e·n·t·s

Contents

C·o·n·t·e·n·t·s

C·o·n·t·e·n·t·s

Contents

Contents

C·o·n·t·e·n·t·s

Contents

父生我身(부생아신)하시고 아버지께서 내 몸을 낳게 하시고,
母鞠吾身(모국오신)이로다 어머니께서 내 몸을 길러주셨다.

父	生	我	身	母	鞠	吾	身
아버지	날	나	몸	어머니	기를	나	몸
부	생	아	신	모	국	오	신

어머니 혼자서는 아이를 낳게 할 수 없다. 아버지의 정기가 어머니 몸에 들어가서 생명이 만들어지게 되어 세상에 태어난 너를 어머니께서 진자리 마른자리 갈아 뉘시며 지극 정성으로 네 몸을 길러주셨다는 것을 잊지 않아야 하기 때문이다.

腹以懷我(복이회아)하시고 배로써 나를 품어주시고,
乳以哺我(유이포아)로다 젖으로써 나를 먹여주셨다.

腹	以	懷	我	乳	以	哺	我
배	써	품을	나	젖	써	먹일	나
복	이	회	아	유	이	포	아

어머니께서는 너의 머리와 코와 귀와 입과 그리고 손과 발 등 모든 각 신체가 만들어 질 수 있도록 10개월 정도 배로 너를 품어주셨고, 네가 세상에 태어나자 젖으로서 너를 먹여주셨기 때문에 무럭무럭 자랄 수 있다는 것을 잊지 않아야 하기 때문이다.

父生我身

아버지 부	날 생	나 아	몸 신
父	生	我	身

母鞠吾身

어머니 모	기를 국	나 오	몸 신
母	鞠	吾	身

腹以懷我

배 복	써 이	품을 회	나 아
腹	以	懷	我

乳以哺我

젖 유	써 이	먹일 포	나 아
乳	以	哺	我

003.

以衣溫我(이의온아)하고　옷으로써 나를 따뜻하게 해 주시고,
以食飽我(이식포아)로다　밥으로써 나를 배부르게 해 주셨다.

以	衣	溫	我	以	食	飽	我
써	옷	따뜻할	나	써	밥	배부를	나
이	의	온	아	이	식	포	아

겨울이면 네가 추울까봐 옷으로서 항상 너를 따뜻하게 해 주셨고, 혹여 네가 배고플까봐 어머니는 굶으시더라도 자식인 너는 항상 밥을 지어서 배부르게 먹여 주신 은혜를 잊어서는 안되기 때문이다.

004.

恩高如天(은고여천)하고　(부모님의) 은혜 높기가 하늘같고,
德厚似地(덕후사지)로다　(부모님의) 덕의 두텁기가 땅과 같다.

恩	高	如	天	德	厚	似	地
은혜	높을	같을	하늘	덕	두터울	같을	땅
은	고	여	천	덕	후	사	지

이와 같이 너를 이 세상에 태어나게 해 주신 은혜도 모자라 젖으로 먹여주시고 따뜻하게 입혀주시고 배 고프지 않게 해주신 부모님의 은혜는 하늘 같이 높고, 그 분들께서 네게 베푸신 덕은 땅과 같이 두터워서 평생을 보답하더라도 불가능하다는 것을 알아야 하기 때문이다.

以衣溫我

써 이	옷 의	따뜻할온	나 아
以	衣	溫	我

以食飽我

써 이	밥 식	배부를포	나 아
以	食	飽	我

恩高如天

은혜 은	높을 고	같을 여	하늘 천
恩	高	如	天

德厚似地

덕 덕	두터울후	같을 사	땅 지
德	厚	似	地

005.

爲人子者(위인자자)가　　사람의 자식된 자가

曷不爲孝(갈불위효)리오　　어찌 효도를 하지 않을 것인가?

爲	人	子	者	曷	不	爲	孝
될 위	사람 인	아들 자	놈 자	어찌 갈	아닐 불	할 위	효도 효

왜냐하면 이렇게 너를 위해 헌신해 오신 부모님의 은혜를 알면서도 효도를 하지 않는다면 사람이라 할 수 없기 때문이다.

006.

欲報深恩(욕보심은)인댄　　(부모님의) 깊은 은혜를 갚고자 한데

昊天罔極(호천망극)이로다　　넓고 넓은 하늘처럼 다함이 없다.

欲	報	深	恩	昊	天	罔	極
하고자할 욕	갚을 보	깊을 심	은혜 은	하늘 호	하늘 천	없을 망	다할 극

왜냐하면 하늘보다 높고 바다보다 깊은 부모님의 은혜를 보답하려면 효도를 다 하는 것인데 저 끝없이 넓은 하늘처럼 높고 넓어서 다 갚아드릴 수 없기 때문이다.

爲人子者

爲	人	子	者
될 위	사람 인	아들 자	놈 자
爲	人	子	者

曷不爲孝

曷	不	爲	孝
어찌 갈	아니 불	할 위	효도 효
曷	不	爲	孝

欲報深恩

欲	報	深	恩
하고자할욕	갚을 보	깊을 심	은혜 은
欲	報	深	恩

昊天罔極

昊	天	罔	極
하늘 호	하늘 천	없을 망	다할 극
昊	天	罔	極

007.

父母呼我(부모호아)어시든 부모님께서 나를 부르시거든,
唯而趨進(유이추진)하라 (빨리) 대답하고서 달려 나아가야 한다.

父	母	呼	我	唯	而	趨	進
아버지	어머니	부를	나	대답할	말 이을	달릴	나아갈
부	모	호	아	유	이	추	진

왜냐하면 효도라는 것은 거창한 것이 아니라 실생활에서 작은 일부터 실천해 가는 것인데, 부모님께서 부르실 때에는 무슨 일을 하고 있다가도 멈추고 부르시는 곳을 향하여 달려나아가면서 즉시 대답하여 부모님께서 기다리시는 일이 없도록 하는 것도 효도의 한 가지이기 때문이다.

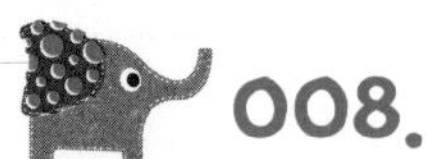

008.

有命必從(유명필종)하고 (부모님의) 명령이 있으면 반드시 따르고,
勿逆勿怠(물역물태)하라 거스르지 말고 게으름을 피우지 말아야 한다.

부모님께서는 어떠한 경우에도 자식에게 해가 되는 명령은 내리지 않으신다. 그러므로 너는 부모님께서 무슨 일을 시키시든 상관없이 명령을 거역하지 말고 게으름도 피우지 않는 것도 효도이기 때문이다.

父母呼我

아버지부	어머니모	부를 호	나 아
父	母	呼	我

唯而趨進

대답할유	말이을이	달릴 추	나아갈진
唯	而	趨	進

有命必從

있을 유	명할 명	반드시필	따를 종
有	命	必	從

勿逆勿怠

말 물	거스를역	말 물	게으를태
勿	逆	勿	怠

009.

父母責之(부모책지)어시든 부모님께서 나를 꾸짖으시거든,
勿怒勿答(물노물답)하라 성내지 말고 원망하지 말아야 한다.

父	母	責	之	勿	怒	勿	答
아버지 부	어머니 모	꾸짖을 책	갈 지	말 물	성낼 노	말 물	대답 답

왜냐하면 네가 잘했는데도 이유없이 꾸짖으시는 부모님은 안 계실 것이다. 그래서 너를 꾸짖으실 때에는 그만한 이유가 분명이 있을 것이니, 네 행실을 반성하고 뉘우쳐야지 부모님을 원망하면 불효이기 때문이다.

010.

侍坐親前(시좌친전)이어든 어버이를 모시고 앞에 앉아 있게 되거든,
勿踞勿臥(물거물와)하라 걸터앉지 말고 눕지 말아야 한다.

侍	坐	親	前	勿	踞	勿	臥
모실 시	앉을 좌	어버이 친	앞 전	말 물	걸터앉을 거	말 물	누울 와

왜냐하면 자기를 낳아주시고 길러주신 어버이 앞에 앉아 있는 동안 다리를 꼬고 앉아 있거나 눕는 등의 행동은 어버이를 무시한 버릇없는 행동이기 때문이다.

父母責之 勿怒勿答

父	母	責	之
아버지부	어머니모	꾸짖을책	갈 지
父	母	責	之

勿	怒	勿	答
말 물	성낼 노	말 물	대답 답
勿	怒	勿	答

侍坐親前 勿踞勿臥

侍	坐	親	前
모실 시	앉을 좌	어버이친	앞 전
侍	坐	親	前

勿	踞	勿	臥
말 물	걸터앉을거	말 물	누울 와
勿	踞	勿	臥

011.

侍坐親側(시좌친측)이어든 어버이를 모시고 곁에 앉아 있게 되거든,
勿怒責人(물노책인)하라 화를 내어 다른 사람을 꾸짖지 말아야 한다.

侍	坐	親	側	勿	怒	責	人
모실	앉을	어버이	곁	말	성낼	꾸짖을	사람
시	좌	친	측	물	노	책	인

어버이가 곁에 계시는데도, 동생이나 혹은 다른 사람에게 화를 내고 꾸짖는 다면 그것은 마치 어버이에게 화를 내는 간접적 행위이고 또한 어버이의 마음을 불안하게 하는 나쁜 행동이기 때문이다.

012.

父母出入(부모출입)어시든 부모님께서 나가시거나 들어오실 때에는,
每必起立(매필기립)하라 매번 반드시 자리에서 일어나야 한다.

父	母	出	入	每	必	起	立
아버지	어머니	날	들	매양	반드시	일어날	설
부	모	출	입	매	필	기	립

너를 낳아주시고 길러주신 부모님께서 외출하시거나 일터에서 돌아오시는데 못본 척하거나 모르는 척하고 자기 일만 한다면 가족간의 따뜻한 정도 식어지게 될뿐만 아니라 일터에서 돌아오신 부모님의 마음을 언짢아지게 하는 불효이기 때문이다.

侍坐親側

모실 시	앉을 좌	어버이친	곁 측
侍	坐	親	側

勿怒責人

말 물	성낼 노	꾸짖을책	사람 인
勿	怒	責	人

父母出入

아버지부	어머니모	날 출	들 입
父	母	出	入

每必起立

매양 매	반드시필	일어날기	설 립
每	必	起	立

013.

勿立門中(물립문중)하고 문 가운데 서지 말고,
勿坐房中(물좌방중)하라 방 가운데 앉지 말아야 한다.

勿	立	門	中	勿	坐	房	中
말	설	문	가운데	말	앉을	방	가운데
물	**립**	**문**	**중**	**물**	**좌**	**방**	**중**

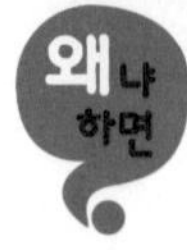

네가 문 가운데 서 있으면 다른 사람들이 출입할 때 불편을 느끼게 될 것이고, 네가 방 가운데 앉아 있다면 부모님께서 편히 쉴 수 없기 때문이다.

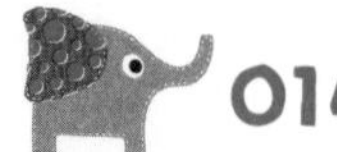

014.

出入門戶(출입문호)어든 문을 출입할 때는,
開閉必恭(개폐필공)하라 열고 닫는 것을 반드시 공손하게 하여야 한다.

出	入	門	戶	開	閉	必	恭
날	들	문	문	열	닫을	반드시	공손할
출	**입**	**문**	**호**	**개**	**폐**	**필**	**공**

짝문[門]이거나 외짝문[戶]이거나 모든 문을 출입할 때는 여닫을 때 소리가 나지 않도록 공손하게 해야지 쾅 소리가 나게 요란하게 여닫는다면 부모님께서 혹시 네가 화난 것이 아닌가 근심하시기 때문이다.

勿立門中

말 물	설 립	문 문	가운데 중
勿	立	門	中

勿坐房中

말 물	앉을 좌	방 방	가운데 중
勿	坐	房	中

出入門户

날 출	들 입	문 문	문 호
出	入	門	户

開閉必恭

열 개	닫을 폐	반드시 필	공손할 공
開	閉	必	恭

015.

須勿大唾(수물대타)하고　　모름지기 크게 침을 뱉지 말고,
亦勿弘言(역물홍언)하라　　또한 크게 말을 하지 않아야 한다.

須	勿	大	唾	亦	勿	弘	言
모름지기	말	큰	침뱉을	또	말	클	말씀
수	물	대	타	역	물	홍	언

혐오스런 소리가 나도록 크게 침을 뱉거나 말을 지나치게 크게 하면 옆 사람에게 혐오감을 줄 뿐만 아니라 교양없이 자란 아이라고 네 부모님이 욕을 먹기 때문이다.

016.

口勿雜談(구물잡담)하고　　입으로는 잡담하지 말고,
手勿雜戲(수물잡희)하라　　손으로는 쓸데없는 장난을 하지 말라.

口	勿	雜	談	手	勿	雜	戲
입	말	섞일	이야기	손	말	섞일	희롱할
구	물	잡	담	수	물	잡	희

필요이상의 수다스런 잡담을 하고 손으로 쓸데없는 장난을 하는 것은 그만큼 공부에 집중할 수 없기 때문에 자신의 몸가짐을 바르게 해야 하기 때문이다.

須勿大唾

모름지기 수	말 물	큰 대	침뱉을 타
須	勿	大	唾

亦勿弘言

또 역	말 물	클 홍	말씀 언
亦	勿	弘	言

口勿雜談

입 구	말 물	섞일 잡	이야기 담
口	勿	雜	談

手勿雜戱

손 수	말 물	섞일 잡	희롱할 희
手	勿	雜	戱

017.

行勿慢步(행물만보)하고	걸어갈 때는 거만하게 걷지 말고,
坐勿倚身(좌물의신)하라	앉을 때에는 몸을 기대지 말라.

行	勿	慢	步	坐	勿	倚	身
다닐	말	거만할	걸음	앉을	말	기댈	몸
행	물	만	보	좌	물	의	신

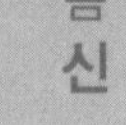

거만하게 걸어다니거나 몸을 기대어 앉는 행위는 가정교육이 안 된 아이들이 하는 나쁜 습관이기 때문이다.

018.

父母衣服(부모의복)을	부모님의 의복을,
勿踰勿踐(물유물천)하라	넘어 다니지도 말고 밟지도 않아야 한다.

父	母	衣	服	勿	踰	勿	踐
아버지	어머니	옷	옷	말	넘을	말	밟을
부	모	의	복	물	유	물	천

부모님의 의복이 방바닥에 흩어져 있으면 공손히 주어서 걸어놓거나 한쪽으로 치워놓지 않고 넘어 다니거나 밟는 다는 것은 부모님을 넘거나 밟는 것과 다르지 않기 때문이다.

行勿慢步

다닐 행	말 물	거만할 만	걸음 보
行	勿	慢	步

坐勿倚身

앉을 좌	말 물	기댈 의	몸 신
坐	勿	倚	身

父母衣服

아버지 부	어머니 모	옷 의	옷 복
父	母	衣	服

勿踰勿踐

말 물	넘을 유	말 물	밟을 천
勿	踰	勿	踐

019.

膝前勿坐(슬전물좌)하고	(부모님) 무릎 앞에 앉지 말고,
親面勿仰(친면물앙)하라	어버이 얼굴을 똑바로 쳐다보지 말아라.

膝	前	勿	坐	親	面	勿	仰
무릎	앞	말	앉을	어버이	낯	말	쳐다볼
슬	**전**	**물**	**좌**	**친**	**면**	**물**	**앙**

왜냐하면 무릎 앞에 앉으면 부모님께서 성가시어 하시고 어버이 얼굴을 쳐다보는 것은 반항하는 행동이기 때문에 삼가야 한다는 것이다.

020.

父母臥命(부모와명)어시든	부모님께서 누워서 명하시거든,
俯首聽之(부수청지)하라	머리를 숙이고 그것을 들어라.

父	母	臥	命	俯	首	聽	之
아버지	어머니	누울	명할	숙일	머리	들을	갈
부	**모**	**와**	**명**	**부**	**수**	**청**	**지**

왜냐하면 부모님께서 누워서 명하신다고 너도 같이 누워서 TV시청 같은 자기 하던 일을 하면서 대답을 건성으로 한다면 버릇없는 행동이기 때문에 반드시 부모님 앞에 바르게 앉아서 머리를 숙이고 명하신 말씀을 기울여 들어야 한다.

膝前勿坐

무릎 슬	앞 전	말 물	앉을 좌
膝	前	勿	坐

親面勿仰

어버이친	낯 면	말 물	쳐다볼앙
親	面	勿	仰

父母臥命

아버지부	어머니모	누울 와	명할 명
父	母	臥	命

俯首聽之

숙일 부	머리 수	들을 청	갈 지
俯	首	聽	之

021.

鷄鳴而起(계명이기)하야 닭이 우는 새벽에 일어나서,

必盥必漱(필관필수)하라 반드시 세수하고 반드시 양치질하여라.

鷄	鳴	而	起	必	盥	必	漱
닭	울	말 이을	일어날	반드시	세수할	반드시	양치질할
계	명	이	기	필	관	필	수

닭은 새벽을 알리며 우는 동물이다. 옛날에는 새벽에 닭이 울면 일어나서 글을 읽거나 농사일을 시작했다. 그와 같이 너도 새벽에 일찍 일어나서 반드시 세수하고 양치질 해야 하는 것이다. 옛날에는 칫솔이 없어서 손가락에 소금을 묻혀 양치를 하였으므로 먼저 손을 깨끗이 씻고 나서 양치질하라는 것이다.

022.

晨必先起(신필선기)하고 새벽에는 반드시 (부모님보다) 먼저 일어나고,

暮須後寢(모수후침)하라 날이 저물면 모름지기 (부모님보다) 뒤에 잠을 자라.

晨	必	先	起	暮	須	後	寢
새벽	반드시	먼저	일어날	저물	모름지기	뒤	잠잘
신	필	선	기	모	수	후	침

하루 종일 자녀들을 위해 일하셔서 피곤하신 부모님보다 먼저 일어나서 조용조용히 집안 청소를 하고 글을 읽고 있으면 부모님께서 흐뭇해 하실 것이고, 날이 저물면 피곤하신 부모님의 잠자릴 펴드리고 그 후에 하루 일과를 정리하고 잠자리에 드는 것이 효자의 바른 몸가짐이기 때문이다.

鷄鳴而起

닭 계	울 명	말이을이	일어날기
鷄	鳴	而	起

必盥必漱

반드시필	세수할관	반드시필	양치질할수
必	盥	必	漱

晨必先起

새벽 신	반드시필	먼저 선	일어날기
晨	必	先	起

暮須後寢

저물 모	모름지기수	뒤 후	잠잘 침
暮	須	後	寢

023.

昏必定褥(혼필정욕)하고 날이 저물면 반드시 (부모님의) 잠자리를 정해드리고,
晨必省候(신필성후)하라 새벽에는 반드시 (부모님의) 안후를 살펴야 한다.

昏	必	定	褥	晨	必	省	候
저물 혼	반드시 필	정할 정	요 욕	새벽 신	반드시 필	살필 성	물을 후

부모님께서 편히 주무실 수 있도록 잠자리를 펴 드릴 때 부모님께 여쭤보아서 원하시는 곳에 정해 드려야 하고, 새벽에는 반드시 부모님보다 먼저 일어나서 밤새 아프신 곳이나 불편하신 점은 없으셨는가 여쭤보는 것이 자녀된 자의 도리이기 때문이다.

024.

父母愛之(부모애지)어시든 부모님께서 나를 사랑해 주시면,
喜而不忘(희이불망)하라 기뻐하여서 잊지 말아라.

父	母	愛	之	喜	而	不	忘
아버지 부	어머니 모	사랑 애	갈 지	기쁠 희	말 이을 이	아닐 불	잊을 망

부모님께서 나를 사랑해 주신다고 안일해지거나 버릇없이 굴면 안 되기 때문에 부모님의 사랑을 기쁜 마음으로 받아들이되 잊지 말고 더욱 더 사랑을 받을 수 있도록 마음을 가져야 한다.

昏必定褥 晨必省候

昏	必	定	褥
저물 혼	반드시필	정할 정	요 욕
昏	必	定	褥

晨	必	省	候
새벽 신	반드시필	살필 성	물을 후
晨	必	省	候

父母愛之 喜而不忘

父	母	愛	之
아버지부	어머니모	사랑 애	갈 지
父	母	愛	之

喜	而	不	忘
기쁠 희	말이을이	아닐 불	잊을 망
喜	而	不	忘

025.

父母惡之(부모오지)는 부모님께서 미워하시는 것은,
懼而無怨(구이무원)하라 두려워하되 원망하지 않아야 한다.

父	母	惡	之	懼	而	無	怨
아버지 부	어머니 모	미워할 오	갈 지	두려워할 구	말 이을 이	없을 무	원망할 원

부모님께서 미워하시더라도 원망하지 말고, 오히려 왜 미워하시는 것인가 자신의 행실을 돌이켜보아 반성하고 다시는 미움을 받지 않도록 각별히 행실에 유념해야 하기 때문이다.

026.

父母唾痰(부모타담)은 부모님의 침이나 가래는 (남이 보지 않도록),
每必覆之(매필복지)하라 언제나 반드시 그것을 덮어야 한다.

父	母	唾	痰	每	必	覆	之
아버지 부	어머니 모	침 타	가래 담	매양 매	반드시 필	덮을 복	갈 지

부모님께서 뱉은 침 같은 보기 흉한 것을 네가 덮지 않는다면 남들이 더럽다 여겨서 네 부모님을 가볍게 생각하기 쉽기 때문이다.

父母惡之

아버지 부	어머니 모	미워할 오	갈 지
父	母	惡	之

懼而無怨

두려워할 구	말이을 이	없을 무	원망할 원
懼	而	無	怨

父母唾痰

아버지 부	어머니 모	침 타	가래 담
父	母	唾	痰

每必覆之

매양 매	반드시 필	덮을 복	갈 지
每	必	覆	之

027.

裹糧以送(과량이송)어시든　양식을 싸서 보내 주시거든,

勿懶讀書(물라독서)하라　글을 읽기를 게을리 하지 않아야 한다.

裹	糧	以	送	勿	懶	讀	書
쌀	양식	써	보낼	말	게으를	읽을	글
과	량	이	송	물	라	독	서

부모님께서 양식을 싸서 보내실 때에는 부모님께서 어려운 가정 형편에 네 뒷바라지를 하시느라 먹고 싶은 것 들지 않으시고, 입고 싶은 것 사입지 않으시고 마련한 귀한 양식이기 때문에 부모님을 실망시키지 않고, 그 은혜에 보답하려면 공부를 열심히 해야하는 것이다. 옛날에는 양식을 팔아서 자녀들의 학비를 마련하였다.

028.

立則視足(입즉시족)하고　서있을 때에는 (부모님의) 발을 보고,

坐則視膝(좌즉시슬)하라　앉아 있을 때에는 (부모님의) 무릎을 보아야 한다.

立	則	視	足	坐	則	視	膝
설	곧	볼	발	앉을	곧	볼	무릎
립	즉	시	족	좌	즉	시	슬

눈의 위치에 따라 반항한다고 오해 받거나, 근심한다고 걱정하시기 때문에 부모님 앞에 서 있을 때에는 부모님의 발을 보는 정도로 눈을 가볍게 아래 쪽을 향하게 하고, 부모님 앞에 앉아 있을 때에는 부모님 무릎을 보는 정도로 눈을 아래 쪽을 향하게 하는 것이 공손한 자녀의 태도이다.

裹糧以送

쌀 과	양식 량	써 이	보낼 송
裹	糧	以	送

勿懶讀書

말 물	게으를 라	읽을 독	글 서
勿	懶	讀	書

立則視足

설 립	곧 즉	볼 시	발 족
立	則	視	足

坐則視膝

앉을 좌	곧 즉	볼 시	무릎 슬
坐	則	視	膝

029.

父母有病(부모유병)어시든 부모님께서 병환을 앓으시거든,
憂而謀療(우이모료)하라 걱정하면서 병이 나을 수 있는 방법을 생각해 보아라.

父	母	有	病	憂	而	謀	療
아버지 부	어머니 모	있을 유	병 병	근심할 우	말 이을 이	꾀할 모	병 고칠 료

왜냐하면 부모님께서 병환을 앓으실 때는 더욱 더 몸가짐을 조심하고, 항상 걱정하면서 부모님의 병을 나을 수 있는 방법을 생각해야 하는 것인데, 가급적 외출도 삼가고 부모님 곁에서 원하시는 바를 들어드리고 집안 청소 등을 하여 일손을 덜어드리는 것도 해당되는 것이다.

030.

對案不食(대안불식)하면 (네가) 밥상을 대하고 먹지 않으면,
思得良饌(사득양찬)이라 좋은 반찬을 얻어 오실 것을 생각하신다.

對	案	不	食	思	得	良	饌
대할 대	밥상 안	아닐 불	먹을 식	생각할 사	얻을 득	좋을 량	반찬 찬

왜냐하면 네가 맛있게 먹으라고 밥상을 차려주셨는데도, 네가 밥상을 대하고도 선뜻 먹으려 들지 않으면 부모님께서는 반찬이 없어서 네가 먹지 않는다 생각하시고 좋은 반찬 얻어다 먹이려고 고민하시기 때문이다.

父母有病 憂而謀療

父	母	有	病
아버지 부	어머니 모	있을 유	병 병
父	母	有	病

憂	而	謀	療
근심할 우	말이을 이	꾀할 모	병고칠 료
憂	而	謀	療

對案不食 思得良饌

對	案	不	食
대할 대	밥상 안	아닐 불	먹을 식
對	案	不	食

思	得	良	饌
생각할 사	얻을 득	좋을 량	반찬 찬
思	得	良	饌

031.

飮食親前(음식친전)이어든　어버이 앞에서 음식을 먹을 때에는,
毋出器聲(무출기성)하라　그릇 소리를 내지 말라.

飮	食	親	前	毋	出	器	聲
마실	먹을	어버이	앞	말	날	그릇	소리
음	식	친	전	무	출	기	성

어버이 앞에서 음식을 먹다가 달그닥 달그닥 그릇을 긁는 소리를 내면 네가 밥이 적다고 생각하시어 부모님께서 식사를 편히 못하시기 때문이다.

032.

衣服雖惡(의복수악)이라도　옷이 비록 나쁘더라도,
與之必着(여지필착)하라　(부모님께서) 주시면 반드시 입어야 한다.

부모님께서 사주신 옷이 네 마음에 들지 않거나 낡은 옷일지라도 가정 형편이 넉넉하지 못하여 좋은 옷을 사주지 못하신 부모님 마음은 더 안타까울 것이기 때문에, 부모님께서 입으라고 주신 의복은 반드시 입어야 하는 것이다.

飮食親前

마실 음	먹을 식	어버이친	앞 전
飮	食	親	前

毋出器聲

말 무	날 출	그릇 기	소리 성
毋	出	器	聲

衣服雖惡

옷 의	옷 복	비록 수	나쁠 악
衣	服	雖	惡

與之必着

줄 여	갈 지	반드시필	입을 착
與	之	必	着

033.

飮食雖厭(음식수염)이라도 음식이 비록 싫을지라도,

賜之必嘗(사지필상)하라 (부모님께서) 주시면 그것을 반드시 맛이라도 보아야 한다.

飮	食	雖	厭	賜	之	必	嘗
마실 음	먹을 식	비록 수	싫을 염	줄 사	갈 지	반드시 필	맛볼 상

왜냐하면 네 입맛이 맞지 않는 싫어하는 음식을 주시더래도 부모님께서는 네 건강에 좋기 때문에 주시는 것이니 맛이라도 보는 것이 부모님께서 네게 베푸신 정성에 대한 예의이기 때분이다.

034.

若告西適(약고서적)하면 만약 서쪽으로 간다고 아뢰고 갔으면,

不復東往(불복동왕)하라 돌이켜서 다른 방향인 동쪽으로 가지 않아야 한다.

若	告	西	適	不	復	東	往
만약 약	고할 고	서녘 서	갈 적	아닐 불	돌이킬 복	동녘 동	갈 왕

왜냐하면 네가 서쪽으로 간다고 하였기 때문에 위급한 상황이 발생했을 때에는 네가 말한대로 서쪽으로 가서 너를 찾으실 것인데, 만약 네가 서쪽으로 가는 척하다가 다른 방향인 엉뚱한 동쪽에 가 있다면 너를 바로 찾지 못해 부모님께서 걱정 근심을 하시기 때문이다.

飮食雖厭

飮	食	雖	厭
마실 음	먹을 식	비록 수	싫을 염
飮	食	雖	厭

賜之必嘗

賜	之	必	嘗
줄 사	갈 지	반드시필	맛볼 상
賜	之	必	嘗

若告西適

若	告	西	適
만약 약	고할 고	서녘 서	갈 적
若	告	西	適

不復東往

不	復	東	往
아닐 불	돌이킬복	동녘 동	갈 왕
不	復	東	往

035.

出必告之(출필곡지)하고 나갈 때에는 반드시 말씀드린 후에 허락을 받아야 하고,

反必拜謁(반필배알)하라 돌아와서는 반드시 (부모님께) 절을 하고 뵈어야 한다.

出	必	告	之	反	必	拜	謁
날	반드시	뵙고청할	갈	돌이킬	반드시	절	아뢸
출	필	곡	지	반	필	배	알

외출할 때에는 어느 곳으로 무슨 이유 때문에 다녀오겠다고 말씀을 드리고 다녀와도 된다는 허락을 받고서 나가야 하는 것이고, 돌아와서 얼굴을 보여드리고 잘 다녀왔습니다라고 절을 하는 것은 네가 나가 있는 동안에 부모님께서 물려주신 네 몸이 다치지나 않았는지 궁금해 하시기 때문이다.

036.

元是孝者(원시효자)는 원래 효라는 것은,

爲仁之本(위인지본)이니라 인의 근본이 된다.

元	是	孝	者	爲	仁	之	本
으뜸	이	효도	것	될	어질	갈	근본
원	시	효	자	위	인	지	본

仁(인)이란 남을 사랑하는 마음이기 때문에 효도를 하는 사람이야 말로 진심으로 타인을 사랑할 수 있기 때문에 효는 인의 근본이 되는 것이다.

出必告之 反必拜謁

날 출	반드시 필	뵙고청할 곡	갈 지
出	必	告	之

돌이킬 반	반드시 필	절 배	아뢸 알
反	必	拜	謁

元是孝者 爲仁之本

으뜸 원	이 시	효도 효	것 자
元	是	孝	者

될 위	어질 인	갈 지	근본 본
爲	仁	之	本

037.

勿與人鬪(물여인투)하라 다른 사람들과 다투지 말아라.
父母憂之(부모우지)시니라 부모님께서 그것을 근심하시니라.

勿	與	人	鬪	父	母	憂	之
말	더불	사람	싸움	아버지	어머니	근심할	갈
물	여	인	투	부	모	우	지

속담에 '맞은 놈은 펴고 자고 때린 놈은 오그리고 잔다.'했듯이 친구들과 싸움질하면 부모님을 괴롭히는 불효가 되기 때문이다.

038.

見善從之(견선종지)하고 착한 것을 보았으면 그것을 따르고,
知過必改(지과필개)하라 허물을 알았으면 반드시 고쳐라.

見	善	從	之	知	過	必	改
볼	착할	따를	갈	알	허물	반드시	고칠
견	선	종	지	지	과	필	개

착한 것을 보고도 무시하고 하지 않는 것을 '자포'라 하고, 자기의 허물을 알면서도 고치지 않은 것을 '자기'라 하여 두 가지를 합쳐서 '자포자기'한다고 말하는데, 그래서 '자포자기'하면 안 되는 것이다.

勿與人鬪

말 물	더불 여	사람 인	싸움 투
勿	與	人	鬪

父母憂之

아버지부	어머니모	근심할 우	갈 지
父	母	憂	之

見善從之

볼 견	착할 선	따를 종	갈 지
見	善	從	之

知過必改

알 지	허물 과	반드시필	고칠 개
知	過	必	改

039.

言行相違(언행상위)하면 말과 행실을 서로 어기면,

辱及于先(욕급우선)이니라 욕됨이 선조에게 이르니라.

言	行	相	違	辱	及	于	先
말씀 언	행할 행	서로 상	어길 위	욕될 욕	이를 급	어조사 우	먼저 선

말과 행실이 같지 않은 사람은 허풍쟁이로 거짓말이나 일삼고 신용이 없다고 평가되어 주변 사람들이 네 부모님이 잘못 가르쳐서 그런 것이라며 손가락질하고 흉보기 때문이다.

040.

我身能善(아신능선)하면 내 자신이 능히 착하면,

譽及父母(예급부모)니라 명예가 부모님께 이르니라.

我	身	能	善	譽	及	父	母
나 아	몸 신	능할 능	착할 선	명예 예	이를 급	아버지 부	어머니 모

네가 착한 마음씨와 행실을 하면 너를 칭찬하기도 하지만 착한 너를 잘 길러주신 네 부모님을 더 칭송하기 때문이다. 어느 시대 건 훌륭한 일을 한 사람은 그를 잘 교육시킨 그 부모님을 칭송하였었다.

言行相違

말씀 언	행할 행	서로 상	어길 위
言	行	相	違

辱及于先

욕될 욕	이를 급	어조사우	먼저 선
辱	及	于	先

我身能善

나 아	몸 신	능히 능	착할 선
我	身	能	善

譽及父母

명예 예	이를 급	아버지부	어머니모
譽	及	父	母

041.

夏則凉枕(하즉양침)하고　여름에는 베개를 서늘하게 해드리고,

冬則溫被(동즉온피)하라　겨울에는 이불을 따뜻하게 해드려라.

夏	則	凉	枕	冬	則	溫	被
여름	곧	서늘할	베개	겨울	곧	따뜻할	이불
하	즉	양	침	동	즉	온	피

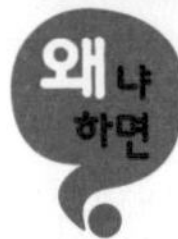

날씨가 무더울 때는 부모님 머리 맡에서 서늘하게 부채질해드리고, 추운 겨울에는 미리 이불을 따뜻하게 해 드려야 부모님께서 편히 주무실 수 있기 때문이다.

042.

若得美果(약득미과)이어든　만약 맛있는 과실을 얻었거든,

歸獻父母(귀헌부모)하라　돌아와서 부모님께 드려야 한다.

若	得	美	果	歸	獻	父	母
만약	얻을	아름다울	과실	돌아올	드릴	아버지	어머니
약	득	미	과	귀	헌	부	모

너를 낳아주시고 길러 주시느라고 맛있는 것 있어도 들지 않으신 부모님이시니 맛있는 과실이 생기면 잘 간직했다가 집에 돌아와서 부모님께 드려야 하는 것이다.

夏則涼枕

여름 하	곧 즉	서늘할량	베개 침
夏	則	涼	枕

冬則溫被

겨울 동	곧 즉	따뜻할온	입을 피
冬	則	溫	被

若得美果

만약 약	얻을 득	아름다울미	과실 과
若	得	美	果

歸獻父母

돌아올귀	드릴 헌	아버지부	어머니모
歸	獻	父	母

043.

雪裡求筍(설리구순)은 눈 속에서 죽순을 구한 것은,

孟宗之孝(맹종지효)요 맹종의 효도이고,

雪	裡	求	筍	孟	宗	之	孝
눈	속	구할	죽순	맏	마루	갈	효도
설	**리**	**구**	**순**	**맹**	**종**	**지**	**효**

옛날 중국의 맹종이는 어렸을 때 눈 내리고 추운 겨울 날 병드신 어머님이 죽순을 먹고 싶다고 하시자 눈 속을 헤맨 끝에 하늘의 감동으로 죽순을 구하게 되어 어머님께서 잡수시고 병을 났게 해드렸다.

044.

剖氷得鯉(부빙득리)는 얼음을 깨고서 잉어를 잡는 것은,

王祥之孝(왕상지효)니라 왕상의 효도이다.

剖	氷	得	鯉	王	祥	之	孝
쪼갤	얼음	얻을	잉어	임금	상서로울	갈	효도
부	**빙**	**득**	**리**	**왕**	**상**	**지**	**효**

옛날 중국의 왕상이도 어렸을 때 얼음이 꽁꽁 언 아주 추운 겨울 날 병드신 어머님께 잉어가 특효 약이라는 말을 듣고 얼음을 깨고 잉어를 낚아서 어머님께서 잡수시게 하여 병을 났게 해드렸다.

雪裡求筍

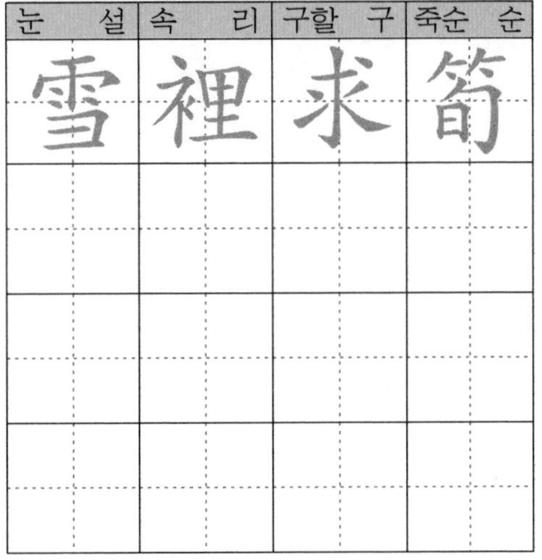

눈 설	속 리	구할 구	죽순 순
雪	裡	求	筍

孟宗之孝

맏 맹	마루 종	갈 지	효도 효
孟	宗	之	孝

剖氷得鯉

쪼갤 부	얼음 빙	얻을 득	잉어 리
剖	氷	得	鯉

王祥之孝

임금 왕	상서로울 상	갈 지	효도 효
王	祥	之	孝

045.

父母之年(부모지년)은 부모님의 연세(나이)는,
不可不知(불가부지)니라 알지 못하면 옳지 아니하다.

父	母	之	年	不	可	不	知
아버지	어머니	갈	나이	아닐	옳을	아닌가	알
부	모	지	년	불	가	부	지

너를 낳아주시고 길러주신 부모님의 연세를 알고 있어야 하기 때문인데, 연세를 알려면 생신을 기억하고 있어야 하기 때문이다.

046.

一則以喜(일즉이희)하고 한편으로는 기쁘지만,
一則以懼(일즉이구)니라 한편으로는 두렵게 된다.

一	則	以	喜	一	則	以	懼
한	곧	써	기쁠	한	곧	써	두려워할
일	즉	이	희	일	즉	이	구

부모님의 생신 날 한 해를 더 사셨으니 한편으로는 기쁘지만, 다른 한편으로는 그 사신 만큼 돌아가실 날도 가까워졌기 때문에 두려움을 느끼게 되는 것이다.

父母之年

아버지 부	어머니 모	갈 지	나이 년
父	母	之	年

不可不知

아닐 불	옳을 가	아닌가 부	알 지
不	可	不	知

一則以喜

한 일	곧 즉	써 이	기쁠 희
一	則	以	喜

一則以懼

한 일	곧 즉	써 이	두려워할 구
一	則	以	懼

047.

室堂有塵(실당유진)이어든　방이나 거실에 먼지가 있거든,
常以帚掃(상이추소)하라　항상 빗자루로 쓸어야 한다.

室	堂	有	塵	常	以	帚	掃
집	집	있을	티끌	항상	써	비	쓸
실	당	유	진	상	이	추	소

부모님께서는 너의 뒷바라지를 하시느라 하루 종일 일터에서 땀흘리시고 피곤하시니 집 안 청소라도 도와 드려야 부모님의 노고를 풀어드리는 작은 효도를 실천하는 것이기 때문이다.

048.

暑勿褰衣(서물건의)하고　덥다고 옷을 걷지 말고,
亦勿揮扇(역물휘선)하라　또한 부채를 휘두르지 말라.

暑	勿	褰	衣	亦	勿	揮	扇
더울	말	걷을	옷	또	말	휘두를	부채
서	물	건	의	역	물	휘	선

아무리 날씨가 더울 지라도 바지를 걷어 올리거나, 부채를 휘두르는 것은 참을성이 없을 뿐만 아니라 부모님께서도 더위를 참고 계시기 때문에 몸가짐을 함부로 해서는 안 되는 것이다.

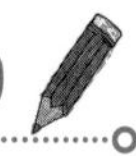

室堂有塵

室	堂	有	塵
집 실	집 당	있을 유	티끌 진

常以帚掃

常	以	帚	掃
항상 상	써 이	비 추	쓸 소

暑勿褰衣

暑	勿	褰	衣
더울 서	말 물	걷을 건	옷 의

亦勿揮扇

亦	勿	揮	扇
또 역	말 물	휘두를 휘	부채 선

049.

身體髮膚(신체발부)는	신체와 머리털과 피부는,
受之父母(수지부모)니	부모님으로부터 받았으니

身	體	髮	膚	受	之	父	母
몸	몸	터럭	살갗	받을	갈	아버지	어머니
신	**체**	**발**	**부**	**수**	**지**	**부**	**모**

신체와 머리털과 피부로 구성된 네 몸은 네 것이 아니라 부모님의 정기를 받고 태어난 것이기 때문이다.

050.

不敢毁傷(불감훼상)이	감히 헐거나 상하지 아니한 것이,
孝之始也(효지시야)니라	효도의 처음이니라.

不	敢	毁	傷	孝	之	始	也
아닐	감히	헐	상할	효도	갈	처음	어조사
불	**감**	**훼**	**상**	**효**	**지**	**시**	**야**

부모님께 받은 네 몸을 남과 싸우거나 넘어져서 상처를 내게 되면 부모님께서 크게 근심하시기 때문에 감히 훼손시키지 않으려고 최선을 다해 주의하는 마음 가짐이 효도의 첫 걸음이라는 것이다.

身體髮膚

몸 신	몸 체	터럭 발	살갗 부
身	體	髮	膚

受之父母

받을 수	갈 지	아버지부	어머니모
受	之	父	母

不敢毁傷

아닐 불	감히 감	헐 훼	상할 상
不	敢	毁	傷

孝之始也

효도 효	갈 지	처음 시	어조사야
孝	之	始	也

051.

立身行道(입신행도)하고 몸을 세워 도를 행하고,
揚名後世(양명후세)하여 이름을 후세에 떨쳐서

立	身	行	道	揚	名	後	世
설	몸	행할	도	떨칠	이름	뒤	세상
입	신	행	도	양	명	후	세

사람은 이 세상에 태어나서 목표를 세우고 그 목표를 실현하기 위해서 시간을 아껴가며 최선을 다해 배우고 올바른 몸과 마음가짐으로 사람으로서의 도리를 다해서 사회가 필요로 하는 삶을 살다가 죽는다면 그 이름이 후손들에게 떨쳐질 것이기 때문이다.

052.

以顯父母(이현부모)가 부모님을 나타내는 것이,
孝之終也(효지종야)니라 효도의 마침이다.

以	顯	父	母	孝	之	終	也
써	나타낼	아버지	어머니	효도	갈	마칠	어조사
이	현	부	모	효	지	종	야

네가 바르게 살아서 훌륭한 일을 하게 되면 그 때문에 네 부모님께 영예가 돌아가기 때문에 이러한 삶을 살아가는 것을 효도의 마지막이라고 하는 것이다.

立身行道

설 입	몸 신	행할 행	도 도
立	身	行	道

揚名後世

떨칠 양	이름 명	뒤 후	세상 세
揚	名	後	世

以顯父母

써 이	나타낼현	아버지부	어머니모
以	顯	父	母

孝之終也

효도 효	갈 지	마칠 종	어조사야
孝	之	終	也

053.

事親如此(사친여차)면	어버이 섬기는 것을 이와 같이 한다면,
可謂人子(가위인자)요	가히 사람의 자식이라고 말할 수 있을 것이다.

事	親	如	此	可	謂	人	子
섬길	어버이	같을	이	가히	이를	사람	자식
사	친	여	차	가	위	인	자

부모님을 섬기는 도리는 좋은 옷을 사드리고, 맛있는 음식을 해드리는 것보다 더 중요한 것은 부모님의 마음을 편안하게 해 드리고, 부모님의 명예에 누가 되지 않도록 생활 속에서 처신을 올바르게 하는 것은 사람의 자식으로서 마땅한 행위라고 말할 수 있기 때문이다.

054.

不能如此(불능여차)면	이와 같이 하지 못하면,
無異禽獸(무이금수)니라	짐승과 다를 것이 없다.

不	能	如	此	無	異	禽	獸
아닐	능할	같을	이	없을	다를	날짐승	들짐승
불	능	여	차	무	이	금	수

미물인 까마귀는 새끼가 부화한지 60일 동안은 어미가 먹이를 잡아와 새끼를 돌보지만 다 자라고 난 후에는 사냥에 힘이 부친 어미 까마귀를 위해 몸을 아끼지 않고 새끼 까마귀가 먹이를 물어다 어미의 입에 넣어주는 지극한 효심에서 유래한 것이 반포지효(反哺之孝)라는 효도를 할 줄 아는데 하물며 만물의 영장이란 사람으로서 효도를 하지 않는다면 짐승과 다를 것이 없기 때문이다.

事親如此

섬길 사	어버이친	같을 여	이 차
事	親	如	此

可謂人子

가히 가	이를 위	사람 인	자식 자
可	謂	人	子

不能如此

아닐 불	능할 능	같을 여	이 차
不	能	如	此

無異禽獸

없을 무	다를 이	날짐승금	들짐승수
無	異	禽	獸

055.

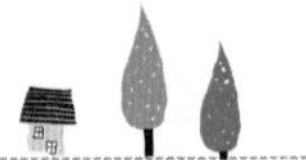

事君之道(사군지도)는 임금을 섬기는 도리는,
與父一體(여부일체)니라 아버지와 더불어 한 몸같이 하라.

事	君	之	道	與	父	一	體
섬길 사	임금 군	갈 지	도 도	더불 여	아버지 부	한 일	몸 체

임금이란 지금의 국가라는 의미이기 때문에 부모님께 효도하듯이 조국을 사랑하고 나라를 위해 최선을 다해야 하기 때문이다.

056.

使臣以禮(사신이례)하고 신하 부리기를 예로써 하고,
事君以忠(사군이충)하라 임금 섬기기를 충성으로써 하라.

使	臣	以	禮	事	君	以	忠
부릴 사	신하 신	써 이	예도 례	섬길 사	임금 군	써 이	충성 충

직장 부하 직원은 신하라 생각해야 한다. 즉 부하 직원이라 해서 함부로 하지 않아야하고, 임금은 직장 상사라 생각하여 충성을 다해 책임감을 갖고 잘 보필해야 한다는 것이다.

事君之道 與父一體

섬길 사	임금 군	갈 지	도 도
事	君	之	道

더불 여	아버지부	한 일	몸 체
與	父	一	體

使臣以禮 事君以忠

부릴 사	신하 신	써 이	예도 례
使	臣	以	禮

섬길 사	임금 군	써 이	충성 충
事	君	以	忠

057.

盡己謂忠(진기위충)이요	몸을 다하는 것을 충이라 이르고,
以實謂信(이실위신)이니라	진실로써 하는 것을 믿음이라 이르니라.

盡	己	謂	忠	以	實	謂	信
다할	몸	이를	충성	써	성실할	이를	믿을
진	기	위	충	이	실	위	신

忠=中(가운데 중)+心(마음 심)으로 만들어진 글자이듯이, 자기 마음 속에서 우러나와서 자발적으로 하는 것이 충이고, 남과의 약속을 성실하게 지킬 때 믿음이 싹트기 때문이다.

058.

人不忠信(인불충신)하면	사람이 충성심과 믿음이 없다면,
何謂人乎(하위인호)아	어찌 사람이라 이르겠는가?

人	不	忠	信	何	謂	人	乎
사람	아닐	충성	믿을	어찌	이를	사람	어조사
인	불	충	신	하	위	인	호

사람이기 때문에 충성할 수 있는 것이고, 믿음이 있는 것인데, 충성심과 믿음이 없는 사람은 신의를 잃게 되어 올바른 사회생활을 할 수 없기 때문이다.

盡己謂忠

다할 진	몸 기	이를 위	충성 충
盡	己	謂	忠

以實謂信

써 이	성실할실	이를 위	믿을 신
以	實	謂	信

人不忠信

사람 인	아닐 불	충성 충	믿을 신
人	不	忠	信

何謂人乎

어찌 하	이를 위	사람 인	어조사호
何	謂	人	乎

059.

修身齊家(수신제가)는 몸을 닦고 집안을 가지런히 하는 것은,

治國之本(치국지본)이니라 나라를 다스리는 근본이니라.

修	身	齊	家	治	國	之	本
닦을	몸	가지런할	집	다스릴	나라	갈	근본
수	**신**	**제**	**가**	**치**	**국**	**지**	**본**

자기 자신도 수양하지 못한 사람이 어찌 집안을 화목하게 할 수 있겠으며, 자기 집안을 화목하게 하지 못한 사람은 큰 나랏일을 볼 수 없기 때문에 나라와 국민을 위해 봉사할 정치인의 꿈을 키운다면 어려서부터 자신을 수련하고 가정에 충실하는 것이 나라를 다스리는 근본이라는 것이다.

060.

士農工商(사농공상)은 선비와 농부와 장인과 상인은,

德崇業廣(덕숭업광)이니라 덕이 높아지면 사업이 넓어지니라.

士	農	工	商	德	崇	業	廣
선비	농사	장인	장사	덕	높일	일	넓을
사	**농**	**공**	**상**	**덕**	**숭**	**업**	**광**

학문을 하는 선비이든, 농사를 짓는 농부이든 생활 용품 등 물건을 만들어내는 기술자이든, 장사를 하여 이윤을 남기는 상인 등과 같이 어떤 사업을 하던지 덕을 쌓는 것이 인간관계에서 제일 중요하기 때문에 덕을 베풀며 살아간다면 주변 사람들이 칭송하게 되어 저절로 하는 일이 잘된다는 뜻이다.

修身齊家

닦을 수	몸 신	가지런할제	집 가
修	身	齊	家

治國之本

다스릴치	나라 국	갈 지	근본 본
治	國	之	本

士農工商

선비 사	농사 농	장인 공	장사 상
士	農	工	商

德崇業廣

덕 덕	높일 숭	일 업	넓을 광
德	崇	業	廣

061.

夫婦之道(부부지도)는	부부의 도리는,
異姓之合(이성지합)이니라	다른 성씨의 합함이니라.

夫	婦	之	道	異	姓	之	合
남편	아내	갈	도	다를	성씨	갈	합할
부	부	지	도	이	성	지	합

동성동본은 한 핏줄이기 때문에 성이 다른 두 집안의 남녀가 만나 부부가 되는 것이 기본이라는 것이다.

062.

夫道强直(부도강직)하고	남편의 도리는 굳세며 곧고,
婦德柔順(부덕유순)하며	아내의 덕은 부드럽고 온순하며

夫	道	强	直	婦	德	柔	順
남편	도	굳셀	곧을	아내	덕	부드러울	순할
부	도	강	직	부	덕	유	순

남편이 된다는 것은 가족을 책임지는 가장이 되는 것이기 때문에 굳센 의지와 정직한 삶을 살아야 하는 것이고, 아내가 된다는 것은 남편과 함께 화락하여 집안을 화목하게 하는 것이기 때문에 부드럽고 온순함을 덕으로 삼아야 한다는 뜻이다.

夫婦之道

남편 부	아내 부	갈 지	도 도
夫	婦	之	道

異姓之合

다를 이	성씨 성	갈 지	합할 합
異	姓	之	合

夫道强直

남편 부	도 도	굳셀 강	곧을 직
夫	道	强	直

婦德柔順

아내 부	덕 덕	부드러울유	순할 순
婦	德	柔	順

063.

愛之敬之(애지경지)가	사랑하고 공경하는 것이,
夫婦之禮(부부지례)니라	부부의 예이니라.

愛	之	敬	之	夫	婦	之	禮
사랑	갈	공경	갈	남편	아내	갈	예도
애	**지**	**경**	**지**	**부**	**부**	**지**	**례**

부부가 함께 행복한 삶을 살아가려면 진정으로 상대방을 사랑하고 공경하는 것이 기본 예의이기 때문이다.

064.

夫唱婦隨(부창부수)면	남편이 먼저 부르고 아내가 따라서 하면,
家道成矣(가도성의)리라	집안의 도리가 이루어진다.

夫	唱	婦	隨	家	道	成	矣
남편	부를	아내	따를	집	길	이룰	어조사
부	**창**	**부**	**수**	**가**	**도**	**성**	**의**

남편이 노래를 부를 때 아내가 시끄럽다고 하면 다툼만 있을 뿐 화목할 수 없다. 그래서 남편과 아내가 화음을 이뤄 노래를 부르듯 가정을 화목하게 가꿔야 한다는 것이다.

愛之敬之

사랑 애	갈 지	공경 경	갈 지
愛	之	敬	之

夫婦之禮

남편 부	아내 부	갈 지	예도 례
夫	婦	之	禮

夫唱婦隨

남편 부	부를 창	아내 부	따를 수
夫	唱	婦	隨

家道成矣

집 가	도 도	이룰 성	어조사의
家	道	成	矣

065.

貧窮患難(빈궁환난)에　　빈궁과 환난에,
親戚相救(친척상구)하라　　친척끼리 서로 구원해 주어야 한다.

貧	窮	患	難	親	戚	相	救
가난할 빈	궁할 궁	근심 환	어려울 난	어버이 친	겨레 척	서로 상	구원할 구

빈궁이란 가난하여 살기가 어렵다는 것을 뜻하고, 환난이란 근심과 재난을 뜻한다. 그래서 친척 중에 빈궁하거나 환난에 처한 자가 있다면 서로 정성을 모아서 이들을 도와주는 것이 더불어 살아가는 사람의 도리이기 때문이다.

066.

婚姻喪事(혼인상사)에　　혼인과 초상난 일에는,
隣保相助(인보상조)하라　　이웃끼리 서로 도와주어야 한다.

婚	姻	喪	事	隣	保	相	助
혼인할 혼	혼인할 인	죽을 상	일 사	이웃 린	지킬 보	서로 상	도울 조

혼인 때에는 축하객들이 많이 오게 되고, 초상이 나면 조문객들이 많이 오기 때문에 이웃끼리 서로 도와주어야 큰일을 무사히 치러낼 수 있기 때문이다.

貧窮患難

가난할 빈	궁할 궁	근심 환	어려울 난
貧	窮	患	難

親戚相救

어버이 친	겨레 척	서로 상	구원할 구
親	戚	相	救

婚姻喪事

혼인할 혼	혼인할 인	죽을 상	일 사
婚	姻	喪	事

隣保相助

이웃 린	지킬 보	서로 상	도울 조
隣	保	相	助

067.

德業相勸(덕업상권)하고　　덕스런 일은 서로 권하고,

過失相規(과실상규)하라　　허물과 잘못은 서로 바로잡아 주어라.

德	業	相	勸	過	失	相	規
덕	일	서로	권할	허물	잘못할	서로	법
덕	업	상	권	과	실	상	규

옛날 조선시대 때에는 마을의 자치규약인 향약을 제정하여 더불어 화평하게 살아가려는 노력을 하였는데 먼저 이웃 간에 덕스런 일은 서로 권면하고 칭찬하며, 허물이 있는 이웃은 타이르고 용서하며 두 번 다시 실수하지 않도록 규제하였다.

068.

禮俗相交(예속상교)하고　　예의의 풍속으로 서로 사귀고,

患難相恤(환난상휼)하라　　환난은 서로 구휼하여라.

禮	俗	相	交	患	難	相	恤
예도	풍속	서로	사귈	근심	어려울	서로	구휼할
례	속	상	교	환	난	상	휼

이것도 향약의 4대 덕목 중 하나인데, 이웃 간에 예의에 어긋나지 않은 미풍양속으로 서로 교제하며 환난을 당한 이웃이 있으면 모른체하지 말고 서로 구휼하려고 도와주는 것이 더불어 살아가는 아름다운 삶이기 때문이다. 이와 같은 향약은 조선 중종 임금 때 유교적 이상 정치를 추구하던 조광조의 주장으로 처음 시작되었다.

德業相勸

덕 덕	일 업	서로 상	권할 권
德	業	相	勸

過失相規

허물 과	잘못할실	서로 상	법 규
過	失	相	規

禮俗相交

예도 례	풍속 속	서로 상	사귈 교
禮	俗	相	交

患難相恤

근심 환	어려울난	서로 상	구휼할휼
患	難	相	恤

069.

兄弟姊妹(형제자매)는 형제와 자매는,
友愛而已(우애이이)니라 우애할 따름이니라.

兄	弟	姊	妹	友	愛	而	已
맏 형	아우 제	맏누이 자	누이 매	벗 우	사랑 애	말 이을 이	이미 이

네 형제와 자매는 부모님의 정기와 피를 나누어 태어난 혈연이기 때문에 우애하며 화목하게 살아가는 것은 마땅한 기본 도리인 것이다.

070.

骨肉雖分(골육수분)이나 뼈와 살은 비록 나뉘어져 있지만,
本生一氣(본생일기)며 본래 한 기운을 받고 태어났으며

骨	肉	雖	分	本	生	一	氣
뼈 골	살 육	비록 수	나눌 분	근본 본	날 생	한 일	기운 기

형제와 자매들의 지체가 서로 형과 아우로, 언니와 동생으로 나뉘어져 있지만 부모님의 정기를 받고 태어났기 때문에 같은 성씨로 한 가족이 되는 것이다.

兄弟姊妹

맏 형	아우 제	맏누이 자	누이 매
兄	弟	姊	妹

友愛而已

벗 우	사랑 애	말이을 이	이미 이
友	愛	而	已

骨肉雖分

뼈 골	살 육	비록 수	나눌 분
骨	肉	雖	分

本生一氣

근본 본	날 생	한 일	기운 기
本	生	一	氣

071.

形體雖各(형체수각)이나 형체는 비록 각각이나,

素受一血(소수일혈)이니라 본래 한 핏줄을 받고 태어났다.

形	體	雖	各	素	受	一	血
모양	몸	비록	각각	본디	받을	한	피
형	체	수	각	소	수	일	혈

형제와 자매들의 형체가 서로 각각인 것 같지만 사실은 부모님의 같은 핏줄을 받고 태어났기 때문에 운명 공동체라는 한 가족이 되는 것이다.

072.

比之於木(비지어목)하면 이것을 나무에 비교하면,

同根異枝(동근이지)요 같은 뿌리에 다른 가지인 것이요

比	之	於	木	同	根	異	枝
견줄	갈	어조사	나무	한가지	뿌리	다를	가지
비	지	어	목	동	근	이	지

한 뿌리에서 여러 가지가 갈라져 나가는 나무처럼 형제자매도 한 뿌리에 해당하는 부모님의 정기와 피를 받고 태어났기 때문에 나무에 비유해서 설명한 것이다.

形體雖各

모양 형	몸 체	비록 수	각각 각
形	體	雖	各

素受一血

본디 소	받을 수	한 일	피 혈
素	受	一	血

比之於木

견줄 비	갈 지	어조사 어	나무 목
比	之	於	木

同根異枝

한가지 동	뿌리 근	다를 이	가지 지
同	根	異	枝

073.

比之於水(비지어수)하면 이것을 물에 비교하면,

同源異流(동원이류)니라 같은 근원에 다른 물줄기인 것이다.

比	之	於	水	同	源	異	流
견줄	갈	어조사	물	한가지	근원	다를	흐를
비	**지**	**어**	**수**	**동**	**원**	**이**	**류**

여러 갈래로 흐르는 물 줄기도 상류쪽을 따라서 계속 올라가보면 결국은 한 웅덩이에서 나온 물줄기의 근원임을 알 수 있듯이 형제자매가 각각 다른 것처럼 보일지라도 한 부모님의 정기와 피를 받고 태어났기 때문에 물에 비유해서 설명한 것이다.

074.

兄友弟恭(형우제공)하여 형은 우애하며 동생은 공손하여,

不敢怒怨(불감노원)이니라 감히 원망하거나 화를 내지 말아야 한다.

兄	友	弟	恭	不	敢	怒	怨
맏	벗	아우	공손할	아닐	감히	성낼	원망할
형	**우**	**제**	**공**	**불**	**감**	**노**	**원**

먼저 난 자가 형이 되고 나중 태어난 자가 아우이기 때문에 형은 아우를 내 몸 같이 아껴주고, 아우는 형에게 공손하는 것은 기본이며, 비록 섭섭한 일이 있을 지라도 감히 성내거나 원망하지 않는 것이 가정을 화목하게 하는 것이기 때문이다.

比之於水

견줄 비	갈 지	어조사 어	물 수
比	之	於	水

同源異流

한가지 동	근원 원	다를 이	흐를 류
同	源	異	流

兄友弟恭

맏 형	벗 우	아우 제	공손할 공
兄	友	弟	恭

不敢怒怨

아닐 불	감히 감	성낼 노	원망할 원
不	敢	怒	怨

075.

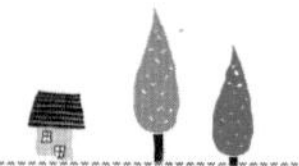

私其衣食(사기의식)하면　　옷과 음식을 사사롭게 하면,

戎狄之徒(융적지도)니라　　오랑캐의 무리이다.

私	其	衣	食	戎	狄	之	徒
사사로울	그	옷	밥	되	오랑캐	갈	무리
사	기	의	식	융	적	지	도

부모님의 한 핏줄과 정기를 받고 태어난 형제자매가 의복이나 음식조차도 네 것 내 것 하면서 개인의 욕심만 채우려 한다면 함부로 자라난 야만인의 무리와 다를 것이 없기 때문이다.

076.

兄無衣服(형무의복)이어든　　형이 만약 의복이 없으면,

弟必獻之(제필헌지)하고　　동생은 반드시 옷을 드리고

兄	無	衣	服	弟	必	獻	之
맏	없을	옷	옷	아우	반드시	드릴	갈
형	무	의	복	제	필	헌	지

왜냐하면

흥부와 놀부 이야기와는 반대의 상황이지만 아우는 잘 사는데 형이 생활 형편이 어렵다면 아낌없이 나누어 도와준다는 의미를 의복에 비유해서 말하는 것이다. 형제가 함께 잘 살아야 부모님께서도 흐뭇해 하시고, 다른 이들도 형제의 우애를 보고 부모님께서 교육을 잘 시키셨다고 칭송하기 때문이다.

私其衣食

사사로울사	그 기	옷 의	밥 식
私	其	衣	食

戎狄之徒

되 융	오랑캐적	갈 지	무리 도
戎	狄	之	徒

兄無衣服

맏 형	없을 무	옷 의	옷 복
兄	無	衣	服

弟必獻之

아우 제	반드시필	드릴 헌	갈 지
弟	必	獻	之

077.

弟無飮食(제무음식)이어든　동생이 먹을 것이 없으면,
兄必與之(형필여지)하라　형은 반드시 먹을 것을 주어야 한다.

弟	無	飮	食	兄	必	與	之
아우	없을	마실	밥	맏	반드시	줄	갈
제	무	음	식	형	필	여	지

흥부와 놀부처럼 가난한 동생을 도와주기는커녕 구박한다면 우애 없는 형제라고 손가락질을 당할 것이다. 형제자매는 한 핏줄을 받은 동기이니 서로 돕고 사는 것이 바른 도리이기 때문이다.

078.

兄有過失(형유과실)이어든　형에게 과실이 있거든,
和氣以諫(화기이간)하라　온화한 기운으로써 간해야 한다.

兄	有	過	失	和	氣	以	諫
맏	있을	허물	잘못할	화목할	기운	써	간할
형	유	과	실	화	기	이	간

형도 잘못을 저지를 때가 있다. 이러한 형의 잘못을 보고 온화한 마음과 말씨로 알려주어 잘못을 고칠 수 있도록 해야 함에도, 부모님께 일러바치거나 놀리면 다투게 되기 때문이다.

弟無飮食

아우 제	없을 무	마실 음	밥 식
弟	無	飮	食

兄必與之

맏 형	반드시 필	줄 여	갈 지
兄	必	與	之

兄有過失

맏 형	있을 유	허물 과	잘못할실
兄	有	過	失

和氣以諫

화목할화	기운 기	써 이	간할 간
和	氣	以	諫

079.

弟有過誤(제유과오)이어든 아우에게 과오가 있거든,
怡聲以訓(이성이훈)하라 온화한 소리로써 가르쳐라.

弟	有	過	誤	怡	聲	以	訓
아우	있을	허물	그릇할	온화할	소리	써	가르칠
제	유	과	오	이	성	이	훈

동생이 잘못했을 때 부모님을 대신한 형으로서 온화한 목소리로 타일러 가르쳐서 동생이 반성하고 다시는 잘못을 되풀이 하지 않도록 하는 것이 형으로서의 바른 도리이기 때문이다.

080.

兄弟有疾(형제유질)이어든 형제에게 질병이 있거든,
憫而思救(민이사구)하라 가엽게 여기어 병을 고칠 수 있도록 생각해라.

兄	弟	有	疾	憫	而	思	救
맏	아우	있을	병	불쌍히 여길	말 이을	생각할	구원할
형	제	유	질	민	이	사	구

형이나 아우가 병이 들었을 때 모른 척 하거나 심지어 놀리는 것은 도리가 아니다. 병이 걸려 고생하는 형제를 가엽게 여겨서 빨리 병이 나을 수 있도록 기도해 주고 도와주는 것이 우애하는 형제의 도리이기 때문이다.

弟有過誤

아우 제	있을 유	허물 과	그릇할오
弟	有	過	誤

怡聲以訓

온화할이	소리 성	써 이	가르칠훈
怡	聲	以	訓

兄弟有疾

맏 형	아우 제	있을 유	병 질
兄	弟	有	疾

憫而思救

불쌍히여길민	말이을 이	생각할 사	구원할구
憫	而	思	救

081.

兄弟有惡(형제유악)이어든　형제에게 악함이 있거든,
隱而勿揚(은이물양)하라　감춰주고 드러내지 말아야 한다.

兄	弟	有	惡	隱	而	勿	揚
맏 형	아우 제	있을 유	악할 악	숨길 은	말 이을 이	말 물	드러낼 양

형제의 나쁜 점을 감춰주고 드러내지 말라는 것은 모르는 척하고 숨겨주라는 것이 아니고, 이웃이나 친구들에게 드러내어 소문내면 자기 얼굴에 침 뱉는 격이 되어 그 형제의 나쁜 점을 들은 이웃이나 친구들은 형제를 볼 때마다 네게 들었던 나쁜 점을 떠올리게 되어 나쁜 사람이라는 선입견이 남아 있게 되기 때문이다.

082.

率先垂範(솔선수범)하면　남에 앞장서서 모범을 보이면,
兄弟亦效(형제역효)니라　형제 또한 본받을 것이다.

率	先	垂	範	兄	弟	亦	效
거느릴 솔	먼저 선	드리울 수	모범 범	맏 형	아우 제	또 역	본받을 효

형이나 아우가 해 주기를 기다리거나 미룬다면 다툼이 생기게 된다. 자기가 하기 싫은 일은 남도 하기 싫은 것이다. 그래서 내가 먼저 스스로 모범적으로 실천한다면 형제도 깨닫는 바가 있어 그 착한 행위를 본받게 되기 때문이다.

兄弟有惡

兄	弟	有	惡
맏 형	아우 제	있을 유	악할 악
兄	弟	有	惡

隱而勿揚

隱	而	勿	揚
숨길 은	말이을이	말 물	드러낼양
隱	而	勿	揚

率先垂範

率	先	垂	範
거느릴솔	먼저 선	드리울수	모범 범
率	先	垂	範

兄弟亦效

兄	弟	亦	效
맏 형	아우 제	또 역	본받을효
兄	弟	亦	效

083.

我有憂患(아유우환)이면	나에게 근심과 걱정이 있으면,
兄弟亦憂(형제역우)하고	형제들도 또한 걱정하고

我	有	憂	患	兄	弟	亦	憂
나	있을	근심할	근심	맏	아우	또	근심할
아	유	우	환	형	제	역	우

왜냐하면 형제는 피를 나눈 동기이기 때문에 나의 근심과 걱정을 보고 모른 척 하지 않는 것이다. 그렇지만 내가 근심과 걱정을 하고 있으면 형제들도 함께 걱정하게 되어 우울해지기 때문에 되도록 걱정 근심하지 않도록 바르게 살아야 한다는 것이다.

084.

我有歡樂(아유환락)이면	나에게 기쁨과 즐거움이 있으면,
姉妹亦樂(자매역락)이니라	자매 또한 즐거워하느니라.

我	有	歡	樂	姉	妹	亦	樂
나	있을	기뻐할	즐거울	맏누이	누이	또	즐거울
아	유	환	락	자	매	역	락

내가 기쁘고 즐거울 때 진심으로 자기 일처럼 기뻐해주고 즐거워해주는 것은 형제자매뿐이다. 바로 피를 나눈 동기이기 때문이다.

我有憂患

나 아	있을 유	근심할 우	근심 환
我	有	憂	患

兄弟亦憂

맏 형	아우 제	또 역	근심할 우
兄	弟	亦	憂

我有歡樂

나 아	있을 유	기뻐할 환	즐거울락
我	有	歡	樂

姉妹亦樂

맏누이 자	누이 매	또 역	즐거울락
姉	妹	亦	樂

085.

雖有他親(수유타친)이라도 비록 다른 사람과 친하다 할지라도,
豈能如此(기능여차)리오 어찌 능히 이와 같이 해 주겠느냐?

雖	有	他	親	豈	能	如	此
비록 수	있을 유	다를 타	친할 친	어찌 기	능할 능	같을 여	이 차

아무리 친한 친구일지라도 피를 나눈 내 형제자매보다는 못하기 때문이다.

086.

我事人親(아사인친)하면 내가 남의 어버이를 섬긴다면,
人事我親(인사아친)이니라 남도 나의 어버이를 섬길 것이다.

我	事	人	親	人	事	我	親
나 아	섬길 사	남 인	어버이 친	남 인	섬길 사	나 아	어버이 친

남이 나의 어버이께 잘해달라고 남의 어버이를 섬기라는 것이 아니다. 내가 진심으로 친구의 부모님을 내 부모님 같이 공경히 예를 갖춰 대하면 친구도 본받아서 내 부모님께 공경을 다 할 것이기 때문이다.

雖有他親

비록 수	있을 유	다를 타	친할 친
雖	有	他	親

豈能如此

어찌 기	능할 능	같을 여	이 차
豈	能	如	此

我事人親

나 아	섬길 사	남 인	어버이친
我	事	人	親

人事我親

남 인	섬길 사	나 아	어버이 친
人	事	我	親

087.

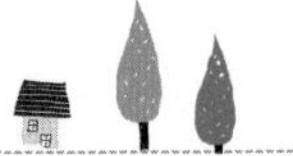

長者慈幼(장자자유)하고 어른은 어린이를 사랑하고,

幼者敬長(유자경장)하라 어린이는 어른을 공경하여라.

長	者	慈	幼	幼	者	敬	長
어른 장	사람 자	사랑할 자	어릴 유	어릴 유	사람 자	공경 경	어른 장

어른과 어린이는 질서가 있듯이 어른은 어른답게 어린이는 어린이답게 행동하는 것이 건강한 사회를 이루는 기본이기 때문이다.

088.

長者賜果(장자사과)어시든 어른이 과실을 주시거든,

核子在手(핵자재수)하라 씨는 손에 가지고 있어야 한다.

長	者	賜	果	核	子	在	手
어른 장	사람 자	줄 사	과실 과	씨 핵	씨 자	있을 재	손 수

옛날에는 과일이 귀했기 때문에 과일을 다 먹고나서도 그 씨앗을 심었던 농경사회의 풍습이었기 때문이기도 하지만, 과일을 먹고 난 후 그 씨앗을 아무곳에나 함부로 뱉지 않아야 하기 때문이다.

長者慈幼

어른 장	사람 자	사랑할 자	어릴 유
長	者	慈	幼

幼者敬長

어릴 유	사람 자	공경 경	어른 장
幼	者	敬	長

長者賜果

어른 장	사람 자	줄 사	과실 과
長	者	賜	果

核子在手

씨 핵	씨 자	있을 재	손 수
核	子	在	手

089.

人之處世(인지처세)에	사람이 세상을 살아감에,
不可無友(불가무우)니라	벗이 없으면 옳지 아니하다.

人	之	處	世	不	可	無	友
사람	갈	살	세상	아닐	옳을	없을	벗
인	지	처	세	불	가	무	우

사람은 혼자 살아갈 수 없는 것이다. 그래서 이웃과 더불어 사회를 이루고 사회 구성원으로서 책임과 의무를 다하며 살아가는 것인데, 특히 뜻에 맞는 친구가 없다면 외톨이가 되어 사회에 적응하지 못할 수가 있기 때문이다.

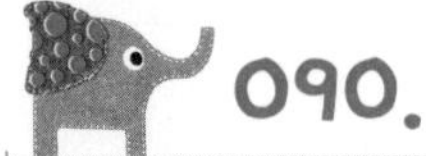

090.

擇友交之(택우교지)하면	벗을 가려서 사귀면,
有所補益(유소보익)이니라	도움과 이익 되는 바가 있을 것이다.

擇	友	交	之	有	所	補	益
가릴	벗	사귈	갈	있을	바	도울	이로울
택	우	교	지	유	소	보	익

벗을 사귀더라도 아무하고나 사귄다면 자기에게 유익하기 보다는 오히려 해가 될 수도 있기 때문에 친구는 잘 가려 사귀어야 하는 것이다.

人之處世

사람 인	갈 지	살 처	세상 세
人	之	處	世

不可無友

아닐 불	옳을 가	없을 무	벗 우
不	可	無	友

擇友交之

가릴 택	벗 우	사귈 교	갈 지
擇	友	交	之

有所補益

있을 유	바 소	도울 보	이로울 익
有	所	補	益

091.

友其德也(우기덕야)요 그 덕을 벗 삼을 것이요,

不可有挾(불가유협)이니라 낌이 있으면 옳지 아니하다.

友	其	德	也	不	可	有	挾
벗	그	덕	어조사	아닐	옳을	있을	낄
우	기	덕	야	불	가	유	협

친구의 덕이 중요한 것이지 그 친구의 부유함이나, 신분의 높낮이, 혹은 나이를 앞세우고 사귀는 것은 진정한 우정을 나눌 수 없기 때문이다.

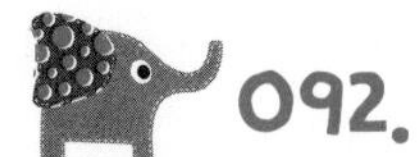

092.

友其正人(우기정인)하면 그 바른 사람과 벗하면,

我亦自正(아역자정)이니라 나 또한 스스로 바르게 된다.

友	其	正	人	我	亦	自	正
벗	그	바를	사람	나	또	스스로	바를
우	기	정	인	아	역	자	정

어떤 사람에 대해 알고자 한다면 먼저 그가 사귀고 있는 친구의 성품을 보면 미루어 알 수 있듯이 누구와 사귀느냐에 따라서 자기의 인품이 커다란 영향을 받게 되기 때문이다.

友其德也

벗 우	그 기	덕 덕	어조사 야
友	其	德	也

不可有挾

아니 불	옳을 가	있을 유	낄 협
不	可	有	挾

友其正人

벗 우	그 기	바를 정	사람 인
友	其	正	人

我亦自正

나 아	또 역	스스로 자	바를 정
我	亦	自	正

093.

從遊邪人(종유사인)하면	간사한 사람을 따라서 놀면,
予亦自邪(여역자사)니라	나 또한 스스로 간사해진다.

從	遊	邪	人	予	亦	自	邪
따를 종	놀 유	간사할 사	사람 인	나 여	또 역	스스로 자	간사할 사

마음이 간사한 친구와 사귀더라도 나만 정신 차리면 된다고 생각하기 쉽지만 사람은 주변의 영향을 받게 되기 때문에 자신도 모르게 간사한 친구의 언행이 스며든다는 것이다.

094.

近墨者黑(근묵자흑)하고	먹을 가까이하는 자는 검어지고,
近朱者赤(근주자적)이니라	붉은 것을 가까이 하는 자는 붉어질 것이다.

近	墨	者	黑	近	朱	者	赤
가까울 근	먹 묵	놈 자	검을 흑	가까울 근	붉을 주	놈 자	붉을 적

붓글씨를 쓸 때 아무리 조심해서 먹을 갈아도 옷의 이곳저곳에 먹물이 튀어 박히고, 도장을 찍을 때 아무리 조심하여도 나도 모르게 붉은 인주가 손가락 어딘가에 묻어 있듯이 무엇을 하느냐에 따라 자기도 모르는 사이에 묻어나기 때문이다.

從遊邪人

從	遊	邪	人
따를 종	놀 유	간사할사	사람 인
從	遊	邪	人

予亦自邪

予	亦	自	邪
나 여	또 역	스스로 자	간사할 사
予	亦	自	邪

近墨者黑

近	墨	者	黑
가까울 근	먹 묵	놈 자	검을 흑
近	墨	者	黑

近朱者赤

近	朱	者	赤
가까울 근	붉을 주	놈 자	붉을 적
近	朱	者	赤

095.

蓬生麻中(봉생마중)하면 쑥이 삼 가운데서 자라면,
不扶自直(불부자직)이니라 붙들지 아니하여도 저절로 곧아진다.

蓬	生	麻	中	不	扶	自	直
쑥 봉	날 생	삼 마	가운데 중	아닐 불	도울 부	스스로 자	곧을 직

쑥은 밭두렁이나 논두렁 등에서 저절로 자라는 여러 해살이 풀로 높이는 15~20cm정도인데, 대마 혹은 마로 불리는 삼은 열대지방과 온대지방에서 재배되는 데 높이는 3m에서 6m까지 자라는 키다리 식물이기 때문에 키 작은 쑥도 키 큰 삼 속에서 자라게 되면 저절로 삼을 따라 곧게 자라나는 것이다.

096.

白沙在泥(백사재니)하면 흰모래가 진흙 속에 있으면,
不染自陋(불염자루)니라 물들이지 아니하여도 저절로 더러워진다.

白	沙	在	泥	不	染	自	陋
흰 백	모래 사	있을 재	진흙 니	아닐 불	물들일 염	스스로 자	더러울 루

바닷가의 고운 흰 모래라 할지라도 파도가 밀려와 진흙이 뒤범벅이 되면 일부러 물들이지 않아도 저절로 더러워지듯이 스스로 잘하면 된다고 하지만 주변 친구의 영향력을 받기 때문에 친구를 가려서 사귀어야 하는 것이다.

蓬生麻中

쑥 봉	날 생	삼 마	가운데중
蓬	生	麻	中

不扶自直

아닐 불	도울 부	스스로자	곧을 직
不	扶	自	直

白沙在泥

흰 백	모래 사	있을 재	진흙 니
白	沙	在	泥

不染自陋

아닐 불	물들일 염	스스로자	더러울루
不	染	自	陋

097.

居必擇隣(거필택린)하고 반드시 이웃을 가려서 살고,

就必有德(취필유덕)하라 반드시 덕 있는 곳에 나아가라.

居	必	擇	隣	就	必	有	德
살	반드시	가릴	이웃	나아갈	반드시	있을	덕
거	필	택	린	취	필	유	덕

사람은 사회적 동물이기 때문에 누구하고 이웃하며 살아가고, 어느 곳으로 나아가서 활동하느냐가 중요한 것이다. 어디서 살고 누구와 함께 하느냐에 따라 자기의 삶이 커다란 영향을 받는 것이다.

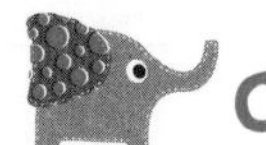

098.

哀慶相問(애경상문)은 슬프거나 경사스런 일에 서로 찾아보는 것은,

美風良俗(미풍양속)이니라 아름답고 좋은 풍속이다.

哀	慶	相	問	美	風	良	俗
슬플	경사	서로	물을	아름다울	바람	좋을	풍속
애	경	상	문	미	풍	량	속

우리 조상들은 이웃의 슬픔도 함께 나누었고, 경사스런 일도 함께 축하해 주는 선한 민족으로서 아름다운 풍속을 지녔기 때문에 우리도 조상의 슬기와 아름다운 전통을 계승 발전시켜야 하는 것이다.

居必擇隣

살 거	반드시 필	가릴 택	이웃 린
居	必	擇	隣

就必有德

나아갈 취	반드시 필	있을 유	덕 덕
就	必	有	德

哀慶相問

슬플 애	경사 경	서로 상	물을 문
哀	慶	相	問

美風良俗

아름다울미	바람 풍	좋을 량	풍속 속
美	風	良	俗

099.

面讚我善(면찬아선)하면 면전에서 나의 착함을 칭찬해 주면,
諂諛之人(첨유지인)이니라 아첨하는 사람이다.

面	讚	我	善	諂	諛	之	人
낯	기릴	나	착할	아첨할	아첨할	갈	사람
면	찬	아	선	첨	유	지	인

면전에서 나를 칭찬해 주는 친구와 사귀면 칭찬을 듣는 순간에는 기분이 좋을지 모르지만 나로 하여금 교만에 빠지게 하는 아첨하는 사람이기 때문에 경계해야 하는 것이다.

100.

面責我過(면책아과)하면 면전에서 나의 허물을 꾸짖어 주면,
剛直之人(강직지인)이니라 굳세고 곧은 사람이다.

面	責	我	過	剛	直	之	人
낯	꾸짖을	나	허물	굳셀	곧을	갈	사람
면	책	아	과	강	직	지	인

속담에 좋은 충고는 비록 귀에 거슬리지만 자신에게 이롭다는 말이 있듯이, 면전에서 나의 허물을 꾸짖어 주면 그 순간은 기분이 나쁘겠지만 결국은 그 친구의 쓴 충고가 나를 반성하게 하여 바른 길로 가도록 해주는 내게 유익함을 주는 사람이기 때문이다.

面讚我善

面	讚	我	善
낯 면	기릴 찬	나 아	착할 선
面	讚	我	善

諂諛之人

諂	諛	之	人
아첨할 첨	아첨할 유	갈 지	사람 인
諂	諛	之	人

面責我過

面	責	我	過
낯 면	꾸짖을 책	나 아	허물 과
面	責	我	過

剛直之人

剛	直	之	人
굳셀 강	곧을 직	갈 지	사람 인
剛	直	之	人

101.

以文會友(이문회우)하고　　글로써 벗을 모으고,
以友輔仁(이우보인)하라　　벗으로써 인을 도와주어야 한다.

以	文	會	友	以	友	輔	仁
써	글월	모일	벗	써	벗	도울	어질
이	문	회	우	이	우	보	인

이 말은 논어에 나오는 증자의 말인데, 퇴계와 율곡에게서 그 예를 찾을 수 있다. 두 학자는 35살의 차이가 나지만 성리학적 측면에서 서로 다른 주장을 하면서도 서로 헐뜯는 것은 찾아볼 수 없고, 문답을 통해 의견을 나누고 답을 구하기도 하는 등 나이를 넘어 친분을 유지한 이문회우의 대표적인 멋진 사례이기 때문이다.

102.

厭人責者(염인책자)는　　남이 꾸짖어주는 것을 싫어하는 자는,
其行無進(기행무진)이니라　　그 행실이 나아감이 없다.

厭	人	責	者	其	行	無	進
싫을	사람	꾸짖을	놈	그	행할	없을	나아갈
염	인	책	자	기	행	무	진

남의 충고를 싫어하고 무시하는 사람은 반성할 기회를 잃어버리기 때문에 점차 충고하는 사람들이 주변에서 멀어지게 되어 혼자 고립되어지기 쉽다. 그래서 행실이 바른 진전이 없게 되는 것이다.

以文會友

써 이	글월 문	모일 회	벗 우
以	文	會	友

以友輔仁

써 이	벗 우	도울 보	어질 인
以	友	輔	仁

厭人責者

싫을 염	사람 인	꾸짖을 책	놈 자
厭	人	責	者

其行無進

그 기	행할 행	없을 무	나아갈 진
其	行	無	進

103.

人無責友(인무책우)하면　　사람이 꾸짖어 주는 벗이 없으면,
易陷不義(이함불의)니라　　불의에 빠지기 쉽다.

人	無	責	友	易	陷	不	義
사람	없을	꾸짖을	벗	쉬울	빠질	아닐	옳을
인	무	책	우	이	함	불	의

친구란 잘못을 지적해주고 충고해주는 것이 바른 우정인데, 자기의 고집 때문에 꾸짖어 주던 친구들이 하나 둘 떠나버려 혼자가 된다면 정의와 불의도 분간하지 못하는 어리석은 사람이 되기 쉽다는 것이다.

104.

多友之人(다우지인)은　　벗이 많은 사람은,
當事無誤(당사무오)니라　　일을 당하여도 그릇됨이 없을 것이다.

多	友	之	人	當	事	無	誤
많을	벗	갈	사람	당할	일	없을	그릇할
다	우	지	인	당	사	무	오

벗이 많다는 것은 행실이 바르다는 것이고, 무엇인가 본받을 점이 있기 때문에 친구들이 많아지는 것이다. 그래서 벗이 많은 사람은 자기 어려운 일에 처할 때 자기 일처럼 도와주어서 잘못에서 빨리 벗어날 수 있는 것이다.

人無責友

사람 인	없을 무	꾸짖을 책	벗 우
人	無	責	友

易陷不義

쉬울 이	빠질 함	아닐 불	옳을 의
易	陷	不	義

多友之人

많을 다	벗 우	갈 지	사람 인
多	友	之	人

當事無誤

당할 당	일 사	없을 무	그릇할 오
當	事	無	誤

105.

莫窺人密(막규인밀)하고 남의 비밀을 엿보지 말고,

無道人過(무도인과)하라 남의 허물을 말하지 말아야 한다.

莫	窺	人	密	無	道	人	過
말	엿볼	사람	비밀할	없을	말할	사람	허물
막	규	인	밀	무	도	인	과

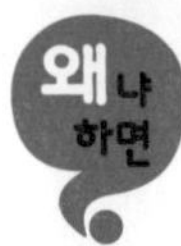

남의 비밀을 훔쳐보는 것은 남의 물건을 훔치는 도둑과 다를 바가 없는 죄악인 것이고, 남의 허물을 말하고 다니는 것은 남의 명예를 훼손하는 범죄이기 때문이다.

106.

勿侮貧賤(물모빈천)하고 가난하거나 천하다고 업신여기지 말고,

毋諂富貴(무첨부귀)하라 부유하거나 귀하다고 아첨하지 말아야 한다.

勿	侮	貧	賤	毋	諂	富	貴
말	업신여길	가난할	천할	말	아첨할	부자	귀할
물	모	빈	천	무	첨	부	귀

친구를 사귈 때에는 글로써 모으고 인으로써 도와야 하는 데, 가난하거나 천한 사람은 업신여기고 부유하거나 신분이 귀한 사람에게는 아첨한다면 참다운 우정을 나눌 수 없기 때문이다.

莫窺人密

말 막	엿볼 규	사람 인	비밀할밀
莫	窺	人	密

無道人過

없을 무	말할 도	사람 인	허물 과
無	道	人	過

勿侮貧賤

말 물	업신여길모	가난할 빈	천할 천
勿	侮	貧	賤

毋諂富貴

말 무	아첨할 첨	부자 부	귀할 귀
毋	諂	富	貴

107.

知心而交(지심이교)하되	마음을 알고서 사귀되,
勿與面交(물여면교)하라	더불어 얼굴로 사귀지 말라.

知	心	而	交	勿	與	面	交
알	마음	말 이을	사귈	말	더불	낯	사귈
지	심	이	교	물	여	면	교

겉모습을 보고 부유한 것 같으면 아첨하고 가난한 것 같으면 업신여기는 것은 얼굴로 사귀는 것이다. 겉모습은 비록 남루할지라도 마음은 진심으로 따뜻하고 정직한 사람이 더 많기 때문이다.

108.

彼不大恕(피불대서)하면	저 사람을 크게 용서하지 아니하면,
反有我害(반유아해)니라	도리어 나에게 해가 있을 것이다.

彼	不	大	恕	反	有	我	害
저	아닐	큰	용서할	돌이킬	있을	나	손해
피	불	대	서	반	유	아	해

남이 나에게 잘못했을 때 크게 화를 내어 욕하거나 나무라면 기분이 풀리는 것이 아니라 도리어 심기를 상하게 되기 때문에 크게 용서하는 도량이 있어야 한다는 것이다.

知心而交

알 지	마음 심	말이을 이	사귈 교
知	心	而	交

勿與面交

말 물	더불 여	낯 면	사귈 교
勿	與	面	交

彼不大恕

저 피	아닐 불	큰 대	용서할서
彼	不	大	恕

反有我害

돌아길반	있을 유	나 아	손해 해
反	有	我	害

109.

非禮勿視(비례물시)하고 예가 아니면 보지 말고,

非禮勿聽(비례물청)하며 예가 아니면 듣지 말며

非	禮	勿	視	非	禮	勿	聽
아닐	예도	말	볼	아닐	예도	말	들을
비	례	물	시	비	례	물	청

논어 안연편에 나오는 말인데, 공자의 제자인 안연이가 仁(인)에 대해서 여쭙자 답해주신 말로써 예가 아닌데도 보고 예가 아닌데도 듣는다면 어질어 지기 어렵다는 것이다.

110.

非禮勿言(비례물언)하고 예가 아니면 말하지 말고,

非禮勿動(비례물동)하라 예가 아니면 움직이지 말라.

非	禮	勿	言	非	禮	勿	動
아닐	예도	말	말씀	아닐	예도	말	움직일
비	례	물	언	비	례	물	동

또 예가 아닌데도 말하고, 예가 아닌데도 움직인다면 자기의 이성을 잃게 되어 나쁜 것을 보고, 듣고, 말하고, 느낀 대로 행동하기 쉽기 때문에 경계해야 한다는 것이다.

非禮勿視

아닐 비	예도 례	말 물	볼 시
非	禮	勿	視

非禮勿聽

아닐 비	예도 례	말 물	들을 청
非	禮	勿	聽

非禮勿言

아닐 비	예도 례	말 물	말씀 언
非	禮	勿	言

非禮勿動

아닐 비	예도 례	말 물	움직일동
非	禮	勿	動

111.

我益我害(아익아해)는 惟在我矣(유재아의)니라

나에게 이익이 되고 나에게 해가 되는 것은, 오직 나에게 있다.

我	益	我	害	惟	在	我	矣
나	이로울	나	해칠	오직	있을	나	어조사
아	**익**	**아**	**해**	**유**	**재**	**아**	**의**

나의 삶을 유익하게 하느냐 해롭게 하느냐는 것은 다른 사람에게 원인이 있는 것이 아니라 올바르게 선택하고 판단하는 것은 바로 자기 자신에게 달려 있기 때문이다.

112.

內疎外親(내소외친)하면 是謂不信(시위불신)이니라

안으로 멀리하고 밖으로는 친한 척 하면, 이것을 불신이라 이른다.

內	疎	外	親	是	謂	不	信
안	성글	밖	친할	이	이를	아닐	믿을
내	**소**	**외**	**친**	**시**	**위**	**불**	**신**

친구를 사귈 때 마음에도 없으면서 자기에게 필요하기 때문에 이용해 보려고 겉으로 친한 척하고 아첨한다면 곧 밝혀지게 되어 불신하게 되는 것이다.

我益我害

我	益	我	害
나 아	이로울 익	나 아	해칠 해
我	益	我	害

惟在我矣

惟	在	我	矣
오직 유	있을 재	나 아	어조사 의
惟	在	我	矣

内疎外親

内	疎	外	親
안 내	성글 소	밖 외	친할 친
内	疎	外	親

是謂不信

是	謂	不	信
이 시	이를 위	아닐 불	믿을 신
是	謂	不	信

113.

行不如言(행불여언)하면	행동이 말과 같지 아니하면,
亦曰不信(역왈불신)이니라	또한 불신이라 말한다.

行	不	如	言	亦	曰	不	信
행할	아닐	같을	말씀	또	가로	아닐	믿을
행	**불**	**여**	**언**	**역**	**왈**	**불**	**신**

말을 했으면 행동할 수 있어야 하고, 행동할 수 없으면 말하지 않아야 하는 것인데, 무책임하게 말만 그럴듯하게 한다면 이것 또한 불신이기 때문인 것이다.

114.

欲爲君子(욕위군자)인데	군자가 되고자 할 진데,
何不行此(하불행차)리오	어찌 이것을 행하지 아니하겠느냐?

欲	爲	君	子	何	不	行	此
하고자 할	할	군자	군자	어찌	아닐	행할	이
욕	**위**	**군**	**자**	**하**	**불**	**행**	**차**

군자란 덕을 갖춘 훌륭한 인격자라는 뜻이다. 그래서 사회에서 존경받는 인격자가 되려면 이제까지 배운 것을 실천해야 하기 때문이다.

行不如言

행할 행	아닐 불	같을 여	말씀 언
行	不	如	言

亦曰不信

또 역	가로 왈	아닐 불	믿을 신
亦	曰	不	信

欲爲君子

하고자할욕	할 위	군자 군	군자 자
欲	爲	君	子

何不行此

어찌 하	아닐 불	행할 행	이 차
何	不	行	此

115.

孔孟之道(공맹지도)와 공자 맹자의 도와,
程朱之學(정주지학)은 정자 주자의 학문은

孔	孟	之	道	程	朱	之	學
구멍 **공**	맏 **맹**	갈 **지**	도 **도**	길 **정**	붉을 **주**	갈 **지**	배울 **학**

중국 춘추시대의 교육자이자 철학자인 공자(孔子 BC 551 ~ BC 479)와 전국 시대의 철학자인 맹자(孟子 BC 372? ~ BC 289?)가 인의 사상을 주장했고, 송나라의 유학자인 정이천(程伊川 1033 ~ 1107)과 중국 남송의 유학자인 주희(朱熹 1130 ~ 1200)가 성리학을 정립했기 때문이다.

116.

正其誼而(정기의이)하고 그 옳은 것을 바르게 하고,
不謀其利(불모기리)하며 그 이익을 도모하지 않으며

正	其	誼	而	不	謀	其	利
바를 **정**	그 **기**	옳을 **의**	말 이을 **이**	아닐 **불**	꾀할 **모**	그 **기**	이로울 **리**

공자와 맹자, 정이천과 주자는 세상이 올바르게 되기를 바라며 도를 펴고 학문을 연구한 것이지 결코 그들 자신이나 가족의 이익만을 도모하기 위한 것이 아니기 때문이다.

孔孟之道

구멍 공	맏 맹	갈 지	도 도
孔	孟	之	道

程朱之學

길 정	붉을 주	갈 지	배울 학
程	朱	之	學

正其誼而

바를 정	그 기	옳을 의	말이을이
正	其	誼	而

不謀其利

아닐 불	꾀할 모	그 기	이로울리
不	謀	其	利

117.

明其道而(명기도이)하고　　그 도를 밝히고,

不計其功(불계기공)이니라　　그 공을 도모하지 않았다.

明	其	道	而	不	計	其	功
밝을	그	도	말 이을	아닐	꾀할	그	공
명	기	도	이	불	계	기	공

공자와 맹자 같은 성현들은 인간의 바른 삶을 위한 바른 도를 밝히는데 온 정력을 쏟은 것이지 그들의 개인적인 공로를 자랑하려고 꾀한 것이 아니기 때문이다.

118.

飽食暖衣(포식난의)하여　　배부르게 먹고 따뜻하게 입으며,

逸居無教(일거무교)면　　편안히 살면서 가르침이 없다면

飽	食	暖	衣	逸	居	無	教
배부를	먹을	따뜻할	옷입을	편안할	살	없을	가르칠
포	식	난	의	일	거	무	교

사람뿐만 아니라 다른 동물도 배부르게 먹고 따뜻하게 지내면서 편안하게 살도록 하나님께서 창조하셨는데, 사람이 동물과 다른 것은 바로 교육이기 때문이다.

明其道而

明	其	道	而
밝을 명	그 기	도 도	말이을 이
明	其	道	而

不計其功

不	計	其	功
아닐 불	꾀할 계	그 기	공 공
不	計	其	功

飽食暖衣

飽	食	暖	衣
배부를 포	먹을 식	따뜻할 난	옷입을 의
飽	食	暖	衣

逸居無敎

逸	居	無	敎
편안할 일	살 거	없을 무	가르칠 교
逸	居	無	敎

119.

即近禽獸(즉근금수)이니　곧 금수에 가까워질 것이니,
聖人憂之(성인우지)니라　성인은 그것을 근심한다.

即	近	禽	獸	聖	人	憂	之
곧	가까울	날짐승	들짐승	성인	사람	근심할	갈
즉	근	금	수	성	인	우	지

금수와 인간의 차이점은 교육에 의해서 바른 삶을 살아가는 것인데, 이러한 교육을 하지도 않고 받기를 싫어한다면 짐승과 다를 바가 없는 것을 성현들은 근심한 것이다.

120.

作事謀始(작사모시)하고　일을 할 때에는 처음을 꾀하고,
出言顧行(출언고행)하라　말을 할 때에는 행실을 돌아보아라.

作	事	謀	始	出	言	顧	行
지을	일	꾀할	처음	날	말씀	돌아볼	행할
작	사	모	시	출	언	고	행

어떠한 일을 하더라도 시작이 있는 것인데, 급한 마음에 중간에서부터 한다면 그 결과는 뻔하기 때문이고 말을 하기 전에 자기 행실을 돌보지 않는다면 말과 행실이 다른 사람이 되기 때문이다.

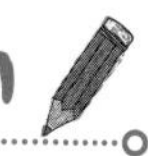

卽近禽獸

곧 즉	가까울 근	날짐승 금	들짐승 수
卽	近	禽	獸

聖人憂之

성인 성	사람 인	근심할 우	갈 지
聖	人	憂	之

作事謀始

지을 작	일 사	꾀할 모	처음 시
作	事	謀	始

出言顧行

날 출	말씀 언	돌아볼 고	행할 행
出	言	顧	行

121.

言則信實(언즉신실)하고 말은 곧 미덥고 참되게 하고,

行必正直(행필정직)하라 행실은 반드시 바르고 곧게 하여라.

言	則	信	實	行	必	正	直
말씀 언	곧 즉	믿을 신	참될 실	행할 행	반드시 필	바를 정	곧을 직

말이란 입에서 나온다 해서 전부 말이 되는 것이 아니다. 말에도 참말이 있고, 거짓말이 있으며, 막말도 있듯이 믿음이 있는 말과 참된 말을 해야 하는 것이고, 바르고 곧은 행실을 해야 참되고 후회없는 삶을 살 수 있기 때문이다.

122.

平生一欺(평생일기)면 평생에 한 번이라도 속이면,

其罪如山(기죄여산)이니라 그 죄가 산처럼 크다.

平	生	一	欺	其	罪	如	山
평평할 평	날 생	한 일	속일 기	그 기	죄 죄	같을 여	뫼 산

특히 자기를 낳아주고 길러주신 부모님을 속이는 것은 평생에 단 한 번일지라도 산처럼 그 죄가 무겁고 크기 때문에 절대로 부모님을 속이려고 하지 말라는 것이다.

言則信實

말씀 언	곧 즉	믿을 신	참될 실
言	則	信	實

行必正直

행할 행	반드시필	바를 정	곧을 직
行	必	正	直

平生一欺

평평할평	살 생	한 일	속일 기
平	生	一	欺

其罪如山

그 기	죄 죄	같을 여	뫼 산
其	罪	如	山

123.

常德固持(상덕고지)하고 떳떳한 덕을 굳게 가지고,
然諾重應(연락중응)하라 허락할 때는 신중하게 응하라.

常	德	固	持	然	諾	重	應
떳떳할 상	덕 덕	굳을 고	가질 지	그럴 연	대답할 락	무거울 중	응할 응

떳떳한 덕이란 자신의 양심이며 자존심인 것이다. 환경이나 상대방에 따라서 변하고 꺾이면 안되는 것이다. 그리고 상대방에게 무엇인가 허락을 해야 하는 경우에는 행실을 뒤돌아보고 지킬 수 있는 지를 신중하게 생각한 후에 응해야 후회가 적기 때문이다.

124.

紙筆墨硯(지필묵연)은 종이와 붓과 먹과 벼루는,
文房四友(문방사우)니라 글방의 네 벗이다.

紙	筆	墨	硯	文	房	四	友
종이 지	붓 필	먹 묵	벼루 연	글월 문	방 방	넉 사	벗 우

옛날의 학습도구인 종이와 붓과 먹과 벼루처럼 학생 방에는 놀이기구보다는 학습물이 서로 벗이 되어야 한다는 것이다.

常德固持 然諾重應

떳떳할상	덕 덕	굳을 고	가질 지
常	德	固	持

그럴 연	대답할락	무거울중	응할 응
然	諾	重	應

紙筆墨硯 文房四友

종이 지	붓 필	먹 묵	벼루 연
紙	筆	墨	硯

글월 문	방 방	넉 사	벗 우
文	房	四	友

125.

始習文字(시습문자)에 처음 문자를 익힐 때에,
字劃楷正(자획해정)하라 글자의 획은 바르게 써라.

始	習	文	字	字	劃	楷	正
처음	익힐	글월	글자	글자	그을	곧을	바를
시	습	문	자	자	획	해	정

무엇이든지 처음 배울 때 정확하고 바르게 익혀야 평생가기 때문에 문자도 처음 배우기 시작할 때부터 글자의 획을 바르고 곧게 쓰는 습관을 길러야 하는 것이다.

126.

借人典籍(차인전적)이어든 남의 전적(책)을 빌렸거든,
勿毁必完(물훼필완)하라 헐지 말고 반드시 완전하게 하라.

借	人	典	籍	勿	毁	必	完
빌릴	남	책	문서	말	헐	반드시	완전할
차	인	전	적	물	훼	필	완

자기에게 중요한 것은 남도 중요한 것이기 때문에 남의 중요한 서책을 빌려왔다면 손상시키지 않도록 주의해서 원래의 상태대로 되돌려 주는 것이 상대방에 대한 예의이고 바른 도리인 것이다.

始習文字

처음 시	익힐 습	글월 문	글자 자
始	習	文	字

字劃楷正

글자 자	그을 획	곧을 해	바를 정
字	劃	楷	正

借人典籍

빌릴 차	남 인	책 전	문서 적
借	人	典	籍

勿毁必完

말 물	헐 훼	반드시 필	완전할 완
勿	毁	必	完

127.

晝耕夜讀(주경야독)하여 낮에는 밭 갈고 밤에는 글을 읽어,
盡事待命(진사대명)하라 (사람의) 일을 다 하고서 (하늘의) 명을 기다려야 한다.

晝	耕	夜	讀	盡	事	待	命
낮	밭갈	밤	읽을	다할	일	기다릴	명할
주	경	야	독	진	사	대	명

사람의 할 일도 하지 않으면서 하늘에 비는 것은 요행을 바라는 것이 되기 때문이다.

128.

元亨利貞(원형이정)은 원과 형과 이와 정은,
天道之常(천도지상)이니라 하늘 도의 떳떳함이다.

원형이정은 《주역》에서 말하는 천도의 네 가지 덕. 元은 봄에 속하여 만물의 시초로 인(仁)이 되고, 亨은 여름에 속하여, 만물이 자라나 예(禮)가 되고, 利는 가을에 속하여, 만물이 이루어져 의(義)가 되고, 貞은 겨울에 속하여, 만물이 거두어져 지(智)가 된다는 이론이기 때문이다.

晝耕夜讀

낮 주	밭갈 경	밤 야	읽을 독
晝	耕	夜	讀

盡事待命

다할 진	일 사	기다릴 대	명할 명
盡	事	待	命

元亨利貞

으뜸 원	형통할형	이로울 리	곧을 정
元	亨	利	貞

天道之常

하늘 천	도 도	갈 지	떳떳할상
天	道	之	常

129.

仁義禮智(인의예지)는 인과 의와 예와 지는,
人性之綱(인성지강)이니라 사람 성품의 벼리이다.

仁	義	禮	智	人	性	之	綱
어질	옳을	예도	지혜	사람	성품	갈	벼리
인	**의**	**례**	**지**	**인**	**성**	**지**	**강**

조선이 건국된 후 정도전이 한성을 건립할 때 남으로는 예를 높여서 숭례문을 열었고 사람이 출입케 했다. 동으로는 인을 일으키자는 흥인문을 세웠고 서로는 의를 두텁게 하자고 해서 돈의문을 세웠다. 북으로는 지를 널리 알리자는 뜻으로 홍지문을 건립했다. 그러나 아무리 인의예지가 활발하게 전개된다고 하여도 한성 한 가운데 세워둔 보신각이 울리지 않으면 인의예지는 닫혀 진다. 즉 信 믿음을 으뜸으로 세웠다는 얘기다. 신뢰를 잃어버리면 그 사회는 무너지고 만다는 것을 의미한다.

130.

禮義廉恥(예의염치)는 예와 의와 염과 치는,
是謂四維(시위사유)니라 이를 사유라 이른다.

禮	義	廉	恥	是	謂	四	維
예도	옳을	청렴할	부끄러울	이	이를	넉	벼리
례	**의**	**렴**	**치**	**시**	**위**	**사**	**유**

예의염치 즉 사유란 나라를 유지하는 데 지켜야 할 네 가지 대강령이기도 하지만 禮(예)를 지켜 법도를 넘지 않음을 알아야 하고, 義(의)로 스스로 나서지 않음을 알아야 한다. 廉(염)으로 청결하여 사악함을 감추지 않아야 하고, 恥(치)로 잘못을 쫓지 않는 부끄러움을 알아야 하기 때문이다.

仁義禮智 人性之綱

어질 인	옳을 의	예도 례	지혜 지
仁	義	禮	智

사람 인	성품 성	갈 지	벼리 강
人	性	之	綱

禮義廉恥 是謂四維

예도 례	옳을 의	청렴할렴	부끄러울치
禮	義	廉	恥

이 시	이를 위	넉 사	벼리 유
是	謂	四	維

131.

積善之家(적선지가)에 　선행을 쌓은 집안에,

必有餘慶(필유여경)하고 　반드시 남은 경사가 있고

積	善	之	家	必	有	餘	慶
쌓을 적	착할 선	갈 지	집 가	반드시 필	있을 유	남을 여	경사 경

선행을 쌓아 나가는 집안은 사람이 알아주지 못하더라도 하늘에서 알아주기 때문에 반드시 항상 경사스러운 일이 생겨 여유가 있게 된다.

132.

積惡之家(적악지가)에 　악을 쌓은 집안에,

必有餘殃(필유여앙)이니라 　반드시 남은 재앙이 있느니라.

積	惡	之	家	必	有	餘	殃
쌓을 적	악할 악	갈 지	집 가	반드시 필	있을 유	남을 여	재앙 앙

악을 쌓아 나가는 집안은 사람이 어쩌지 못하여도 하늘은 반드시 그에 대한 벌을 내릴 것이기 때문에 반드시 항상 재앙이 남아 있게 되는 것이다.

積善之家 必有餘慶

積	善	之	家
쌓을 적	착할 선	갈 지	집 가
積	善	之	家

必	有	餘	慶
반드시 필	있을 유	남을 여	경사 경
必	有	餘	慶

積惡之家 必有餘殃

積	惡	之	家
쌓을 적	악할 악	갈 지	집 가
積	惡	之	家

必	有	餘	殃
반드시 필	있을 유	남을 여	재앙 앙
必	有	餘	殃

133.

君爲臣綱(군위신강)이요 임금은 신하의 벼리가 되고,

父爲子綱(부위자강)이요 아버지는 자식의 벼리가 되며

君	爲	臣	綱	父	爲	子	綱
임금 군	될 위	신하 신	벼리 강	아버지 부	될 위	아들 자	벼리 강

벼리란 근본이라는 뜻인데, 〈춘추번로 春秋繁露〉라는 옛날 책을 보면 임금과 신하는 하늘과 땅에 비유를 하였고, 아버지와 자식은 봄과 여름에 비유하여 상하간에 절대적으로 복종하는 윤리가 서야 국가와 가정이 바로 서기 때문이다.

134.

夫爲婦綱(부위부강)이니 남편은 아내의 벼리가 되니,

是謂三綱(시위삼강)이니라 이를 삼강이라 이르니라.

夫	爲	婦	綱	是	謂	三	綱
남편 부	될 위	아내 부	벼리 강	옳을 시	이를 위	석 삼	벼리 강

남편과 아내는 양과 음에 비유하여 가부장적인 가족제도에서 남편의 절대적 권위를 반영하였기 때문에 삼강은 유교적인 통치 이념을 표현한 것이다.

君爲臣綱

임금 군	될 위	신하 신	벼리 강
君	爲	臣	綱

父爲子綱

아버지 부	될 위	아들 자	벼리 강
父	爲	子	綱

夫爲婦綱

남편 부	될 위	아내 부	벼리 강
夫	爲	婦	綱

是謂三綱

이 시	이를 위	석 삼	벼리 강
是	謂	三	綱

135.

父子有親(부자유친)하고	아버지와 자식은 친함이 있어야 하고,
君臣有義(군신유의)하며	임금과 신하는 의리가 있어야 하며

父	子	有	親	君	臣	有	義
아버지 부	아들 자	있을 유	친할 친	임금 군	신하 신	있을 유	옳을 의

왜냐하면 아버지 된 자는 자식과 친하게 지내야 부자지간의 정이 자라게 되어 가정이 화목해 지는 것이고, 임금과 신하는 서로 의리를 지켜야 국가를 안정되게 다스릴 수 있기 때문이다.

136.

夫婦有別(부부유별)하고	남편과 아내는 분별이 있어야 하고,
長幼有序(장유유서)하며	어른과 어린이는 차례가 있어야 하며

夫	婦	有	別	長	幼	有	序
남편 부	아내 부	있을 유	분별 별	어른 장	어릴 유	있을 유	차례 서

왜냐하면 남녀가 결혼하여 부부가 되었으면 남편은 아내와 다른 여자를 구별하여야 하고 아내는 남편과 다른 남자를 구별하여야 윤리가 바로서고 가정이 화목하게 된다. 그리고 먼저 태어난 자가 형이고 나중 태어난 자가 아우이듯이 어른과 어린이는 질서가 있어야 가정과 사회의 기강이 바로 서기 때문이다.

父子有親

아버지 부	아들 자	있을 유	친할 친
父	子	有	親

君臣有義

임금 군	신하 신	있을 유	옳을 의
君	臣	有	義

夫婦有別

남편 부	아내 부	있을 유	분별 별
夫	婦	有	別

長幼有序

어른 장	어릴 유	있을 유	차례 서
長	幼	有	序

137.

朋友有信(붕우유신)이니　벗과 벗 사이에는 믿음이 있어야 하니,
是謂五倫(시위오륜)이니라　이것을 오륜이라 이른다.

朋	友	有	信	是	謂	五	倫
벗 **붕**	벗 **우**	있을 **유**	믿을 **신**	이 **시**	이를 **위**	다섯 **오**	인륜 **륜**

朋은 뜻을 같이하는 벗이고, 友는 또래 친구라는 뜻이다. 그래서 모든 벗들에게는 믿음을 바탕으로 사귀어야 하기 때문이다. 이 오륜은 중국 후한 때 동중서가 인(仁)·의(義)·예(禮)·지(智)의 4가지 덕에 신(信)의 덕목을 추가하여 이를 오행에 짝 맞추어 정리한 것이다.

138.

視必思明(시필사명)하고　볼 때에는 반드시 밝게 볼 것을 생각하고,
聽必思聰(청필사총)하며　들을 때에는 반드시 밝게 들을 것을 생각하며

視	必	思	明	聽	必	思	聰
볼 **시**	반드시 **필**	생각할 **사**	밝을 **명**	들을 **청**	반드시 **필**	생각할 **사**	귀 밝을 **총**

눈으로 보고 귀로 듣는 것이라고 해서 함부로 나쁜 것을 보고 들으면 나쁜 생각을 하게 되고 나쁜 행동으로 나타나기 때문에 언제나 밝게 볼 것과 밝게 들을 것을 반드시 생각하라는 것이다.

朋友有信

벗 붕	벗 우	있을 유	믿을 신
朋	友	有	信

是謂五倫

이 시	이를 위	다섯 오	인륜 륜
是	謂	五	倫

視必思明

볼 시	반드시 필	생각할 사	밝을 명
視	必	思	明

聽必思聰

들을 청	반드시 필	생각할 사	귀밝을 총
聽	必	思	聰

139.

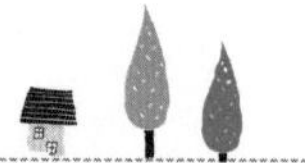

色必思溫(색필사온)하고　　낯빛은 반드시 온화할 것을 생각하고,

貌必思恭(모필사공)하며　　용모는 반드시 공손할 것을 생각하며

色	必	思	溫	貌	必	思	恭
빛	반드시	생각할	따뜻할	얼굴	반드시	생각할	공손할
색	필	사	온	모	필	사	공

낯빛이 온화하지 못하면 주변 사람들에게 불편을 주는 것이니 반드시 낯빛을 온화하게 하도록 생각을 하여야 하고, 용모가 단정하지 못하면 상대방에게 혐오감을 주게 될 것이니 언제나 용모를 공손하게 할 것을 생각하라는 것이다.

140.

言必思忠(언필사충)하고　　말은 반드시 충직할 것을 생각하고,

事必思敬(사필사경)하며　　일할 때는 반드시 공경할 것을 생각하며

말이라고 해서 다 말이라 할 수 없듯이 반드시 마음에서 우러나오는 진심이 어린 정직한 말을 할 때 상대방을 감동시킬 수 있는 것이고, 무슨 일을 하든지 자기에게 주어진 일을 할 때에는 기왕이면 공경하는 마음으로 최선을 다한다면 좋은 결과를 가져올 것이기 때문이다.

色必思溫

빛 색	반드시 필	생각할 사	따뜻할온
色	必	思	溫

貌必思恭

얼굴 모	반드시 필	생각할 사	공손할 공
貌	必	思	恭

言必思忠

말씀 언	반드시 필	생각할 사	충성 충
言	必	思	忠

事必思敬

일 사	반드시 필	생각할 사	공경 경
事	必	思	敬

141.

疑必思問(의필사문)하고	의심이 난 것은 반드시 물을 것을 생각하고,
忿必思難(분필사난)하며	분할 때에는 반드시 어려울 것을 생각하며

疑	必	思	問	忿	必	思	難
의심할 의	반드시 필	생각할 사	물을 문	성낼 분	반드시 필	생각할 사	어려울 난

공부를 할 때 의심이 난 것은 주저하지 말고 선생님이나 부모님 혹은 선배 등에게 물어 보아서 깨닫고 자기 것을 만들어야 참다운 실력을 쌓아나가는 것이고, 분하여 성이 나려하면 성을 낸 후에 닥칠 후회스럽거나 어려울 것을 미리 생각해 보면 분한 마음이 가라앉을 것이기 때문이다.

142.

見得思義(견득사의)니	얻음을 보면 의로운 가를 생각해야 하니,
是謂九思(시위구사)니라	이것을 구사라 이른다.

見	得	思	義	是	謂	九	思
볼 견	얻을 득	생각할 사	옳을 의	이 시	이를 위	아홉 구	생각할 사

사람은 누구나 이득을 구하겠지만 뇌물이나 사기 등 불의한 방법으로 이득을 취한다면 반드시 법의 심판을 받게 되기 때문에 이득을 얻게 되었을 때에는 반드시 의로운가를 생각해야 되는 것인데, 이것은 〈논어〉에서 공자가 가르치는 구사인 것이다.

疑必思問

疑	必	思	問
의심할의	반드시필	생각할 사	물을 문
疑	必	思	問

忿必思難

忿	必	思	難
성낼 분	반드시필	생각할 사	어려울난
忿	必	思	難

見得思義

見	得	思	義
볼 견	얻을 득	생각할 사	옳을 의
見	得	思	義

是謂九思

是	謂	九	思
이 시	이를 위	아홉 구	생각할 사
是	謂	九	思

足容必重(족용필중)하고　　발의 모습은 반드시 무겁게 하고,

手容必恭(수용필공)하며　　손의 모습은 반드시 공손하게 하며

足	容	必	重	手	容	必	恭
발	모양	반드시	무거울	손	모양	반드시	공손할
족	용	필	중	수	용	필	공

사람은 사지를 갖고 있다. 그 중에서도 발을 함부로 움직여서 나쁜 곳에 가거나 바르게 서지 않는다면 다른 사람에게 혐오감과 자기도 모르게 악을 행하게 된다. 그리고 손의 모습도 공손하게 두 손을 모으거나 바르게 사용해야 손의 의미가 바르게 되는 것이기 때문이다.

頭容必直(두용필직)하고　　머리의 모습은 반드시 곧게 하고,

目容必端(목용필단)하며　　눈의 모습은 반드시 바르게 하며

頭	容	必	直	目	容	必	端
머리	모양	반드시	곧을	눈	모양	반드시	바를
두	용	필	직	목	용	필	단

머리가 옆으로 기울거나 머리를 숙이는 모습은 뭔가 안정감이 없고 자신감이 없어 보이고, 마음의 거울인 눈은 선하고 바르게 떠서 좋은 인상을 주어야 하는 것인데, 음침하게 뜨거나 졸리는 듯한 초점을 잃은 눈은 상대방에게 무시를 당하기 쉽기 때문이다.

足容必重

발 족	모양 용	반드시필	무거울중
足	容	必	重

手容必恭

손 수	모양 용	반드시필	공손할공
手	容	必	恭

頭容必直

머리 두	모양 용	반드시필	곧을 직
頭	容	必	直

目容必端

눈 목	모양 용	반드시필	바를 단
目	容	必	端

145.

口容必止(구용필지)하고 입의 모습은 반드시 다물고,
聲容必靜(성용필정)하며 소리하는 모습은 반드시 고요하게 하며

口	容	必	止	聲	容	必	靜
입	모양	반드시	그칠	소리	모양	반드시	고요할
구	용	필	지	성	용	필	정

입이라는 것은 음식을 먹고 말을 하고 숨을 쉬는 육체에서 특히 중요한 부분인데 다물지 않고 말을 많이 하면 실수가 많아질 것이고, 입을 헤벌리고 있으면 바보같아 보일 것이다. 그리고 목소리도 조용조용하면서도 조리있게 해야 하는 것인데 필요이상으로 큰 소리를 내면 상대방에게 좋은 인상을 주지 못하기 때문이다.

146.

氣容必肅(기용필숙)하고 기운의 모습은 반드시 엄숙하게 하고,
立容必德(입용필덕)하며 서있는 모습은 반드시 덕스럽게 하며

氣	容	必	肅	立	容	必	德
기운	모양	반드시	엄숙할	설	모양	반드시	덕
기	용	필	숙	입	용	필	덕

기운이란 호흡하는 것인데 호흡할 때에 엄숙하게 하지 않고 씩씩 거린다면 천박하게 보일 것이고, 서 있는 자세가 바르지 않다면 상대방에게 안 좋은 모습을 보일 뿐만 아니라 바른 몸가짐을 유지할 수 없기 때문에 덕스러운 자세로 바르게 서라는 것이다.

口容必止

입 구	모양 용	반드시 필	그칠 지
口	容	必	止

聲容必靜

소리 성	모양 용	반드시 필	고요할 정
聲	容	必	靜

氣容必肅

기운 기	모양 용	반드시 필	엄숙할숙
氣	容	必	肅

立容必德

설 입	모양 용	반드시 필	덕 덕
立	容	必	德

147.

色容必莊(색용필장)이니 　 낯빛의 모습은 반드시 장엄하게 하니,
是謂九容(시위구용)이니라 　 이것을 구용이라 이른다.

色	容	必	莊	是	謂	九	容
빛 색	모양 용	반드시 필	엄숙할 장	이 시	이를 위	아홉 구	모양 용

낯빛이 겁에 먹은 듯이 보이거나 비굴하게 보인다면 남에게 무시당하게 될 수 있기 때문에 씩씩하고 당당한 안색을 갖춰야 하는 것이다. 이 구용은 논어에서 공자가 가르치는 덕목이다.

148.

事師如親(사사여친)하되 　 스승을 섬기기를 어버이와 같이 하되,
必恭必敬(필공필경)하라 　 반드시 공손하고 반드시 공경하라.

事	師	如	親	必	恭	必	敬
섬길 사	스승 사	같을 여	어버이 친	반드시 필	공손할 공	반드시 필	공경 경

참되거라 바르거라 가르쳐 주신 스승의 마음은 어버이와 같기 때문에 스승의 은혜 또한 어버이의 은혜처럼 보답해야 하고 반드시 공손하고 공경하는 자세로 스승의 가르침을 받아야 훌륭한 사람이 되는 것이다.

色容必莊

빛 색	모양 용	반드시 필	엄숙할 장
色	容	必	莊

是謂九容

이 시	이를 위	아홉 구	모양 용
是	謂	九	容

事師如親

섬길 사	스승 사	같을 여	어버이 친
事	師	如	親

必恭必敬

반드시 필	공손할 공	반드시 필	공경 경
必	恭	必	敬

149.

不敎不明(불교불명)하니　가르치지 아니하면 밝지 아니하니,

不知何行(부지하행)이리오　알지 못한데 어찌 행하리오.

不	敎	不	明	不	知	何	行
아닐	가르칠	아닐	밝을	아닌가	알	어찌	행할
불	교	불	명	부	지	하	행

아무리 천재라도 할지라도 스승의 올바를 가르침을 받지 못한다면 밝은 삶의 도리를 깨우칠 수가 없기 때문에 바른 도리를 행할 수 없는 것이다.

150.

能孝能悌(능효능제)는　능히 효도하고 능히 공손함은,

莫非師恩(막비사은)이니라　스승의 은혜 아닌 것이 없다.

能	孝	能	悌	莫	非	師	恩
능할	효도	능할	공손할	없을	아닐	스승	은혜
능	효	능	제	막	비	사	은

네가 부모님께 왜 효도해야 하는지 깨닫고 공손해야 하는 이유를 알게 해 주신이도 스승님의 가르침이 있기 때문이니 그 스승의 은혜를 잊지 않음이 사람의 도리인 것이다.

不教不明

아닐 불	가르칠 교	아닐 불	밝을 명
不	教	不	明

不知何行

아닌가 부	알 지	어찌 하	행할 행
不	知	何	行

能孝能悌

능할 능	효도 효	능할 능	공손할제
能	孝	能	悌

莫非師恩

없을 막	아닐 비	스승 사	은혜 은
莫	非	師	恩

151.

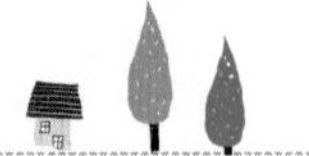

能和能信(능화능신)은　　능히 화목하고 능히 믿음은,
總是師功(총시사공)이니라　　모두 이것이 스승의 공이다.

能	和	能	信	總	是	師	功
능할 능	온화할 화	능할 능	믿을 신	모두 총	이 시	스승 사	공 공

사람과 서로 화목하게 지낼 수 있고 더불어 믿음을 갖고 사귈 수 있는 것도 스승님이 이 모든 것을 가르쳐 주셨기 때문이니 스승의 공을 결코 잊어서는 안 될 것이다.

152.

三綱五倫(삼강오륜)은　　삼강과 오륜은,
惟師敎之(유사교지)시니라　　오직 스승이 이를 가르치셨다.

三	綱	五	倫	惟	師	敎	之
석 삼	벼리 강	다섯 오	인륜 륜	오직 유	스승 사	가르칠 교	갈 지

삼강오륜 같은 윤리도덕을 스승님께서 가르쳐 주셨기 때문에 인간답게 살아갈 수 있는 것이다.

能和能信

능할 능	온화할화	능할 능	믿을 신
能	和	能	信

總是師功

모두 총	이 시	스승 사	공 공
總	是	師	功

三綱五倫

석 삼	벼리 강	다섯 오	인륜 륜
三	綱	五	倫

惟師敎之

오직 유	스승 사	가르칠교	갈 지
惟	師	敎	之

153.

非爾自行(비이자행)이요	너 스스로 행한 것이 아니요,
惟師導之(유사도지)시니라	오직 스승이 이를 인도하셨다.

非	爾	自	行	惟	師	導	之
아닐	너	스스로	행할	오직	스승	이끌	갈
비	이	자	행	유	사	도	지

네가 아무리 똑똑하다 할지라도 스승님의 가르침이 없었다면 옳고 그름을 분별하기 어려워 사람의 올바른 행실을 하지 못할 것이다. 이 모든 것이 스승님께서 바른 길로 인도해주셨기 때문이다.

154.

其恩其德(기은기덕)이	그 은혜와 그 덕이,
亦如天地(역여천지)로다	또한 천지와 같다.

其	恩	其	德	亦	如	天	地
그	은혜	그	덕	또	같을	하늘	땅
기	은	기	덕	역	여	천	지

스승의 마음은 부모와 같아서 부모님의 은덕처럼 스승님의 은덕 또한 하늘과 땅처럼 높고 넓기 때문이다.

非爾自行

아닐 비	너 이	스스로 자	행할 행
非	爾	自	行

唯師導之

오직 유	스승 사	이끌 도	갈 지
唯	師	導	之

其恩其德

그 기	은혜 은	그 기	덕 덕
其	恩	其	德

亦如天地

또 역	같을 여	하늘 천	땅 지
亦	如	天	地

155.

欲孝父母(욕효부모)인데 부모님께 효도를 하고자 할진데,
何不敬師(하불경사)리오 어찌 스승을 공경하지 아니하리오.

欲	孝	父	母	何	不	敬	師
하고자 할 욕	효도 효	아버지 부	어머니 모	어찌 하	아닐 불	공경 경	스승 사

부모님께 효도를 하고자 하는 네가 스승님을 공경하지 않는다면 모순되는 것이기 때문에 부모님께 공경을 다하듯이 스승님께도 공경을 다해야 하는 것이다.

156.

報恩以力(보은이력)은 힘써 은혜를 갚아야 함은,
人之道也(인지도야)니라 사람의 도리이니라.

報	恩	以	力	人	之	道	也
갚을 보	은혜 은	써 이	힘 력	사람 인	갈 지	도 도	어조사 야

너를 어버이와 같은 마음으로 가르쳐주시고 올바른 길로 인도해 주신 스승님의 은혜를 최선을 다해 보답하는 것은 마땅한 사람의 기본 도리인 것이다.

欲孝父母

하고자할 욕	효도 효	아버지 부	어머니 모
欲	孝	父	母

何不敬師

어찌 하	아닐 불	공경 경	스승 사
何	不	敬	師

報恩以力

갚을 보	은혜 은	써 이	힘 력
報	恩	以	力

人之道也

사람 인	갈 지	도 도	어조사 야
人	之	道	也

157.

師有疾病(사유질병)어시든 스승이 질병이 있으시거든,
卽必藥之(즉필약지)하라 곧 반드시 약을 쓰러 가라.

師	有	疾	病	卽	必	藥	之
스승	있을	병	병	곧	반드시	약	갈
사	유	질	병	즉	필	약	지

너를 가르쳐주시고 바른 길로 인도해 주신 스승님께서 혹여 병이 드셨다면 부모님께 해드리는 것처럼 주저하지 말고 곧바로 스승님의 병이 나을 수 있도록 최선을 다하라는 것이다.

158.

問爾童子(문이동자)야 묻노라 너희 동자야,
或忘師德(혹망사덕)가 혹 스승의 덕을 잊었는가?

問	爾	童	子	或	忘	師	德
물을	너	아이	자식	혹	잊을	스승	덕
문	이	동	자	혹	망	사	덕

사람들은 대부분 스승님의 덕을 잊어버리고 지나치기 쉽다. 그러니 이 글을 통해서라도 스승님의 은혜와 덕을 깊이 새기고 잊지 않고 가르침을 실천하여 훌륭한 사람이 되어야 한다는 것이다.

師有疾病

師	有	疾	病
스승 사	있을 유	병 질	병 병
師	有	疾	病

卽必藥之

卽	必	藥	之
곧 즉	반드시필	약 약	갈 지
卽	必	藥	之

問爾童子

問	爾	童	子
물을 문	너 이	아이 동	자식 자
問	爾	童	子

或忘師德

或	忘	師	德
혹 혹	잊을 망	스승 사	덕 덕
或	忘	師	德

159.

莫以不見(막이불견)으로	보지 않는다고 써
敢邪此心(감사차심)하라	감히 이 마음을 간사하게 말라.

莫	以	不	見	敢	邪	此	心
말 **막**	써 **이**	아닐 **불**	볼 **견**	감히 **감**	간사할 **사**	이 **차**	마음 **심**

스승님 곁을 떠나게 되어 스승님의 시야에서 멀어졌다고 해서 언제 그랬냐는 듯이 행동을 함부로 하거나 마음을 간사하게 한다면 다시 금수와 다를 바가 없을 것이다.

160.

觀此書字(관차서자)하고	이 책의 글을 보고서도,
何忍不孝(하인불효)리오	어찌 차마 효도하지 아니하리오.

觀	此	書	字	何	忍	不	孝
볼 **관**	이 **차**	책 **서**	글자 **자**	어찌 **하**	참을 **인**	아닐 **불**	효도 **효**

이 사자소학 책은 네가 태어나게 된 경위부터 너를 키워주신 부모님의 은혜와 친구를 사귀는 도리, 스승님의 은덕에 보답하는 등의 참된 가르침이 적혀 있다. 이 책을 읽고서도 효도하지 않는다면 차마 사람이라 할 수 없을 것이다.

莫以不見

말 막	써 이	아닐 불	볼 견
莫	以	不	見

敢邪此心

감히 감	간사할사	이 차	마음 심
敢	邪	此	心

觀此書字

볼 관	이 차	책 서	글자 자
觀	此	書	字

何忍不孝

어찌 하	참을 인	아니 불	효도 효
何	忍	不	孝

:: 편저자

박신애(朴信愛)는 어려서부터 한학자인 아버지에게서 사자소학부터 시작하여 추구, 학어집, 명심보감 등 전통 서당 교육을 받고 자랐다. 미술에 특별한 재능을 발휘하여 초등학교시절부터 각종 전국 미술 대회에서 최고상을 휩쓸었다. 홍익대학교에서 미술을 전공하고 프랑스에서 일러스트 공부를 하고 귀국했다.